北京民俗论丛

第四辑

北京民俗博物馆 编

中国社会科学出版社

图书在版编目（CIP）数据

北京民俗论丛．第四辑／北京民俗博物馆编．—北京：中国社会科学出版社，2016.6

ISBN 978－7－5161－8254－3

Ⅰ.①北…　Ⅱ.①北…　Ⅲ.①风俗习惯—北京市—文集　Ⅳ.①K892.41－53

中国版本图书馆CIP数据核字(2016)第116768号

出 版 人　赵剑英
责任编辑　王　茵　张　潜
责任校对　胡新芳
责任印制　王　超

出　　版　中国社会科学出版社
社　　址　北京鼓楼西大街甲158号
邮　　编　100720
网　　址　http://www.csspw.cn
发 行 部　010－84083685
门 市 部　010－84029450
经　　销　新华书店及其他书店

印　　刷　北京君升印刷有限公司
装　　订　廊坊市广阳区广增装订厂
版　　次　2016年6月第1版
印　　次　2016年6月第1次印刷

开　　本　787×1092　1/16
印　　张　12
插　　页　2
字　　数　232千字
定　　价　68.00元

卷首语

博物馆学是什么？似乎是一个已经被学界讨论太多的问题。然而，岁月更迭，新生的事物总是在打破旧有的认知，当今的学人，似乎确实仍有继续追问的必要。宋向光先生所译《〈新博物馆学〉前言》中，彼得·维尔戈给予我们这样一个答案："博物馆学是什么？一个可能的简明定义是它是关于博物馆的研究，包括博物馆的发展史、基本理念以及博物馆的类型，在时间演进维度上的创建和发展，公开声明的或隐而不宣的目的及政策，博物馆的教育或政治或社会的作用。……事实上，如果博物馆不是与人类文明一样悠久，当下多如牛毛的博物馆几乎已覆盖了人类活动的所有领域，不仅是艺术、手工业或科学，还包括了娱乐、农业、乡村生活、儿童生活、水产业、古董、汽车，等等，这个清单是没有结尾的。可以说，博物馆学是一个宽泛到几乎涉及所有人的研究领域。"

本期《北京民俗论丛》所载之文恰恰印证着上述论断：既有对国内外博物馆的介绍与调研，对儿童博物馆、博物馆信息化等业界聚焦点的关注，也有对民族、信仰与民间文学、非遗保护等多维度的深入思考，加之本刊连续两期推出"节俗专题研究"特色系列，我们很荣幸地以"博物馆理论与实践"、"节俗专题研究"、"非遗与村落保护"、"东岳文化研究"等栏目为界，为关心、支持本刊的新老作者、读者们呈上全文，以飨四方之友。

另外，为郑重感谢自 20 世纪以来就长期关注、研究北京民俗博物馆所在地——北京东岳庙，并于近期将部分珍本藏书无偿赠予北京民俗博物馆的富善家族，本期特刊《北京民俗博物馆藏安·丝婉·富善赠书考述》一文，并对其文献价值予以揭示，以此表达我们的敬意。

人生是一场马拉松而非百米冲刺，刊物亦是如此，我们要面临的问题和要跨越的障碍很多。所幸，我们总在收获着来自海内外学者的长久支持和帮助。每一期文章的刊出，既是学界、业界互相致意的发声，更是无数学人和我们一起，在对知识、真理、原则的信望爱中，并肩解决问题、寻找答案的过程。我们有理由和动力，期待更好的未来。

目　录

博物馆理论与实践

节俗专题研究

国外音乐类博物馆概览

邵晓洁*

“博物馆”一词早在古希腊时代就已出现，文艺复兴时期逐渐具备了较为清晰的博物馆概念。18 世纪后半叶到 19 世纪后半叶，现代博物馆的观念才渐而形成。随着历史的演进、社会的变革和文化的发展，博物馆逐步从单一化、综合性向多元化、专题性发展，博物馆的类别也在逐步细化。艺术博物馆中的音乐类博物馆和相关音乐收藏随着数量的增多也渐渐自成一类。目前，最具国际化的博物馆组织是 1946 年成立的，隶属联合国教科文组织（United Nations of Science, Education and Culture Organization, UNESCO）的国际博物馆协会（International Council of Museums, ICOM）。该协会下属有 30 个专注于特殊类型博物馆研究的国际委员会（International Committees），其中就专设有乐器博物馆及收藏国际委员会（International Committee for Museums and Collections of Musical Instruments, CIMCIM）。这足以说明，音乐类博物馆在世界各类博物馆中已占有一席之地。

在世界上的许多国家和地区，尤其是欧美发达国家都建有音乐类博物馆，如著名的美国乐器博物馆、巴黎音乐博物馆、比利时布鲁塞尔乐器博物馆、德国柏林乐器博物馆、维也纳音乐博物馆、英国音乐博物馆、荷兰国家自动乐器博物馆、挪威音乐博物馆、纽约大都会艺术博物馆乐器部、意大利乐器博物馆、威尼斯音乐博物馆、捷克音乐博物馆、日本民音音乐博物馆、日本唱片博物馆

* ［作者简介］邵晓洁，中国艺术研究院图书馆副研究员。

等。本文拟从博物馆类型、展览展区划分、展陈方式以及博物馆建筑等几个方面对国外较有代表性的音乐类博物馆进行简要的梳理，以期对我国音乐博物馆的建设与发展有所裨益。

一　国外音乐类博物馆的类型

通观国外音乐类博物馆，大致可以分为以下几类。

（一）乐器博物馆

顾名思义，乐器博物馆的主要展品当为乐器以及与乐器相关的配件等。这里又大致可以分为两类：一类是综合乐器博物馆，另一类是专门乐器博物馆。

综合乐器博物馆展出种类多样的乐器。落成于 2010 年的美国乐器博物馆收藏有 15000 多件乐器，长期展出的乐器达 5000 多件，无愧于世界最大乐器博物馆之名。世界闻名的比利时布鲁塞尔乐器博物馆和德国柏林乐器博物馆也是非常典型的综合乐器博物馆。比利时布鲁塞尔乐器博物馆在 4 层共 3000 平方米的展厅内，收藏并展示了 7000 余件欧洲以及世界其他国家和地区的乐器。柏林乐器博物馆收集了自 16 世纪以来的欧洲各类乐器，其中键盘乐器、弦乐器和打击乐器最为丰富。著名的巴黎音乐博物馆也属于乐器博物馆的范畴，展出了 900 多件乐器。英国音乐博物馆收藏展示了大量古代乐器，以键盘乐器居多。位于旧维也纳皇宫里的维也纳古乐博物馆，主要展示的是 19 世纪以前的各类乐器。威尼斯音乐博物馆则收藏和展示了 17 世纪到 19 世纪的重要乐器。

专门乐器博物馆通常是对某一类乐器进行专门的收藏与展示。荷兰国家自动乐器博物馆拥有世界上数量最多、制作最精美的自动乐器藏品，包括风琴、钢琴、仿管弦乐队琴、自鸣钟、音乐盒、音乐玩偶等。无独有偶，日本北海道也有一座日本最大的音乐钟博物馆。这座博物馆历史悠久，建于 1912 年，馆内有一座高达 5.5 米的、世界最大的蒸汽时钟，这座时钟每 15 分钟发出一段音乐。

（二）音乐类综合博物馆

这类博物馆的展品种类比较多，除了乐器以外，与音乐相关的，诸如乐谱、音乐家手稿、乐器制作工具、音乐音响载体、录音设备等都可以成为博物馆的展品。作为国立布拉格博物馆的一个重要组成部分，捷克音乐博物馆就是一座音乐类综合博物馆，其展品囊括乐器、乐谱、手稿、唱片等。捷克是东欧音乐文化较为发达的国家之一。捷克音乐博物馆收藏了大量捷克乃至欧洲音乐文化的史料，这里不仅有 2500 多件珍贵的乐器，更有 16 世纪到 20 世纪外国音乐家珍贵的谱稿复制本，罕见的古代印刷乐谱，以及近几十年来捷克公司出版的音乐唱片等。

与捷克音乐博物馆关注欧洲音乐文化不同，位于美国加州圣地亚哥的音乐制作博物馆更多关注美国本土音乐文化的发展，展出了自 1890 年至 1980 年的大量美国音乐史料，俨然是一座美国音乐历史博物馆。

（三）音乐载体博物馆

随着录音技术的发展，音乐载体类型也在不断发生变化。以音乐载体为主体内容的博物馆并不多见，目前较为常见的音乐载体博物馆是唱片博物馆。位于北海道的日本唱片博物馆收藏了近 46 万张唱片，以丰富的资料和展品分别展示了世界唱片历史和日本唱片文化的发展。与日本唱片博物馆立足日本、放眼世界不同的是，位于底特律的摩城唱片博物馆则是一家展示摩城唱片公司将黑人音乐介绍给世界这一历史贡献的场所。

（四）音乐家博物馆或故居

在芬兰图尔库有一座以音乐家命名的博物馆，也是芬兰唯一的音乐博物馆——西贝柳斯博物馆。该馆收集了有关西贝柳斯的大量资料，如作品、节目单、书籍、文章、照片、磁带、唱片、衣物、纪念物、全部作品的影印件等，此外，这里收藏有世界其他国家的乐器和音乐资料。

在著名音乐家曾经的居所就地建立博物馆或纪念馆是比较常见的做法。位于德国波恩的贝多芬故居是他的出生地，1889 年由贝多芬故居协会建立，是当今世界上有关贝多芬生平的最大收藏馆。博物馆共分 12 个展厅，展出了从 150 多个原始文献材料中精心挑选出来的文物，包括：贝多芬出生时间的唯一证明，贝多芬在波恩使用过的中提琴、钢琴、活动翻板斜面桌、写字台，贝多芬的手稿和文稿，与贝多芬相关的各类油画（肖像、宫廷演出场景）、雕塑等，全面展现了贝多芬在波恩和维也纳时期的生活。音乐家的居所本身就是一件重要的“展品”，加之居所内陈放了音乐家曾经使用过的乐器、乐谱及其他物品，观众置身其中，仿佛是在经历一次与音乐家的精神对话。

（五）艺术博物馆或综合博物馆的乐器部或音乐部

这类机构通常是综合博物馆专门为某一个藏品类别而设，有些博物馆的乐器部或音乐部的展品不可小觑。美国大都会艺术博物馆的藏品多达 300 多万件，号称包括世界上每个地区、每个时代、有记载的每种文化、任何已知质地、任何艺术类别的藏品，其乐器部的藏品及规模就堪比一家独立的音乐博物馆，有过之而无不及。

（六）其他

维也纳音乐博物馆除了一层和三层分别展示维也纳爱乐乐团的发展和著名

音乐家介绍以外，展区二楼的 Sonosphere 展示了自然界里各种神奇的声音，有风、雷、子宫、海洋、山谷、东京地铁站以及中国丹巴吉林沙漠等声音样本，与其说这是一座音乐博物馆，倒不如说这里带给参观者的是一场声音的盛宴，而这些正实践了其官网上所贴出的“Send your ears on a discovery trip”。美国西雅图音乐体验馆则提供了更多且更具参与性的音乐互动空间，因此，这座博物馆的名称里索性用了“Experience”一词。

二　国外音乐博物馆的展区划分

展览主题的确定、展区的划分以及展品的布陈直接体现了博物馆的理念。

（一）按年代或历史阶段划分展区

按历史年代或者历史发展阶段划分展区是博物馆展览最为通行和常见的一种分区方式，音乐类博物馆也不例外。在各种音乐类博物馆中，无论是主要固定展陈还是专题展览，都有按照历史年代或发展阶段来划分展区的，尤其是在介绍音乐历史发展时更是如此。日本唱片博物馆分设有“世界唱片发展史”和“日本唱片文化史”展厅，其中，“日本唱片文化史”展厅以明治、大正、昭和的年代为序介绍了日本唱片文化发展的历史。比利时布鲁塞尔乐器博物馆“西方音乐艺术”展区集中展示和介绍了从古代到 20 世纪的乐器沿革及发展历史。

美国加州音乐制作博物馆大致以 20 年为一个时代单位，分辟几个不同的主题馆，以乐器、海报、新闻照片为主要展品，介绍 1890 年至 1980 年间的流行音乐及其发展历史。

（二）按历史事件划分展区

从本质上说，按照历史事件划分展陈实际也是建立在历史文化发展脉络的基础上。巴黎音乐博物馆以乐器问世和开始被演奏的历史和文化背景为历史脉络，将展览划分为 9 个部分，每个部分的展览都围绕一个年代、一个地点和一个事件。例如，第一部分展览围绕的年代是 1607 年。是年，意大利音乐家克劳迪奥·蒙特威尔第创作出杰出的五幕歌剧《奥菲欧》。欧洲的巴洛克时代正始于那一年。毫无疑问，这是艺术史上一个非常重要的时代。

（三）按国家或地域划分展区

按国家或地域划分展区可以集中展示某一国家、某一地域的音乐文化。美国乐器博物馆的主展厅按照地理概念划分了 5 个展区，分别是非洲及中东厅、亚洲和大洋洲厅、欧洲厅、拉丁美洲厅、美国和加拿大厅。比利时布鲁塞尔乐器博物馆的乐器藏品广涉欧洲及世界各个国家和地区，故专辟“传统乐器与文化”展厅，展示和介绍了比利时、欧洲和其他地区的民间乐器。

（四）按乐器分类划分展区

弦乐与键盘乐器在西方乐器史、西方音乐史上占有举足轻重的地位，几乎贯穿了整个西方音乐文化的发展。比利时布鲁塞尔乐器博物馆专设有“弦乐与键盘乐器”展区，专题介绍16、17世纪到20世纪的钢琴、竖琴、脚踏风琴、手风琴、提琴、吉他等民间乐器及其发展。此外，该馆还设有“机械乐器与电子合成器”展区，展示各种手摇滚筒或机械乐器等。美国西雅图音乐体验馆中展览介绍了自20世纪30年代初开始的关于吉他的历史，其中展示了最早的电吉他。

（五）为音乐家或乐团专辟展区或分馆

捷克音乐博物馆除设有主馆外，还分别建有几个音乐家纪念馆分馆。其中一个是斯美塔那纪念馆。这座纪念馆又包括主馆和分馆两个部分：主馆在伏尔塔瓦河边的一幢房子里，主要展示了作曲家的生平及事迹，有关斯美塔那的遗作全部存放于此；分馆设在斯美塔那的故乡利托梅施尔和雅布凯尼尔的狩猎小屋，斯美塔那曾在这里度过晚年，写下了许多传世之作。此外还有一个是莫扎特纪念馆。此馆设在莫扎特的挚友，捷克钢琴家、教育家，捷克钢琴流派的创始人图谢克的私人别墅内，这里收集有莫扎特在布拉格居留期间的生活资料以及音乐演出活动的文献。维也纳音乐博物馆的一层专设有维也纳爱乐乐团专题展览，陈列了乐团新年音乐会的演出海报等展品。美国乐器博物馆设有专门的介绍美国及世界最著名音乐家的展区。在猫王的展柜里，展出了猫王使用过的乐器、演出服、大幅演出剧照以及演出录像等。

以上列举的是音乐类博物馆中比较典型和常见的展区划分方式，但这些划分方式也并非单一出现，而通常会相互渗透，比如，展区内大的历史划分之下会有小的地域分块，大的乐器类型之中往往会有小的历史发展展示。无论是哪一种展示分区，其目的都是为了加深参观者对音乐展品以及与之相关的音乐历史背景和音乐文化的认识和了解。

三　国外音乐博物馆的展陈方式与手段

展览是博物馆的基本职能之一。展陈方式一方面取决于藏品的自身特点，另一方面也反映了博物馆的基本展览理念。音乐，作为有形载体与无形音声的结合，为其展览方式提供了很大的创造空间。就音乐博物馆而言，除了传统的音乐实物展示以外，最为常见的展览方式便是将音乐实物与音乐音响相结合。

目前使用较多的是利用相关音乐播放设备。巴黎乐器博物馆借助红外线耳机在展厅内播放与展品相关的作品或作品片段。比利时布鲁塞尔乐器博物馆内共覆盖有1200多种乐器的演奏录音，从欧洲中世纪的古钢琴、竖琴、风笛、排箫独奏，到现代管弦乐、打击乐，其中甚至包括中国的京剧唱段和宗教祭祀乐曲，应有尽有，参观者可以借助红外线耳机欣赏到这些珍贵的音乐片段。美国加州圣地亚哥音乐制作博物馆则在每一个主题馆内都设有音乐播放器，只要一按键，便可聆听到相关的录音片段。在维也纳音乐博物馆一层的维也纳爱乐乐团展览中，参观者不但能利用壁挂式古典音乐大碟试听机欣赏古典音乐，还可以在单独的视听室欣赏到历年维也纳新年音乐会的视频。德国柏林乐器博物馆展厅内也引进了先进的现代化多媒体视听设施供参观者查询和欣赏音乐。

美国乐器博物馆的设施十分先进，参观者进馆后会拿到一个无线收音耳机，走到某个展台前，展台中重点乐器的声音就会自动播放。配合高分辨率视频系统播放的录像，参观者可以从外形、音质、演奏方式、所处自然环境、文化氛围等全方位了解该乐器。值得一提的是，参观者能从视频上看到一些平日少见的民族民间乐器的原生态环境和场景。

许多音乐博物馆十分重视参观者的参与性和娱乐性，努力通过各种方式让参观者从游览观赏的“局外人”转变成音乐演奏和音乐创作的“局内人”。

维也纳音乐博物馆就是一座以互动为主要模式，以“让耳朵成为眼睛”为基本主旨的音乐博物馆，处处都体现了其交互性特点。先进高端的科学技术被巧妙地运用到各种新奇有趣的音乐互动游戏中，给参观者带来了充满惊喜的音乐互动体验。暂且不说博物馆二层的Sonosphere通过环境的营造和运用各种高科技手段带给参观者一次神奇的声音之旅，博物馆一层的一个名为Waltz Dice Game掷骰子编华尔兹的大型游戏机就足以让小朋友们驻足停留，不舍离开。这部机器通过对参观者扔出骰子的不同频率、力度、翻滚和弹跳情况等的感应，自动将其转换成不同的旋律。游戏机大屏幕前的两张桌子上放有一红一蓝两个骰子，一个对应大提琴，一个对应小提琴，两个骰子被轮流各扔四次，一段八小节两个乐句的华尔兹就完成了（结尾自动带有反复记号），机器将会自动把你的“作品”演奏一遍。参观者的每一次尝试都变成一次新的“创作”，人人都可以成为“作曲家”。博物馆三层还有一个很受欢迎的互动游戏，这个叫作Virtual Conductor的游戏可以让人人都成为“指挥家”。参观者站在屏幕前，手持“指挥棒”，这个“指挥棒”实际上是一个信号发射器，乐队的演奏速度会随着参观者现场挥动“指挥棒”的力度和速度发生变化，指挥棒挥动越快，音乐也越快，反之亦然。毫无疑问，这又是一个寓教于乐的音乐互动体验。倘若这两个音乐体验设备还算是游戏机的话，那么这座博物馆四层 Futuresphere 的 The Brain Opera 则完完全全是一件高科技杰作，它由美国麻省理工学院多名教授组成的媒体实验室发明，并独家提供给维也纳音乐博物馆。参观者可以在这里通过各种实验，感受声音的各种可能性和可塑性。

如果说，维也纳音乐博物馆试图通过新颖的展览设计和高科技设备等多种手段增加参观者的参与性和娱乐性的话，那么，坐落在美国西雅图的一座音乐体验馆（Experience Music Project，EMP）则是将音乐体验作为博物馆的主旨理念，并将其直接体现在博物馆的命名当中。这是一座时尚而特别的博物馆，也是一座非常好“玩”的博物馆。参观者俨然已经成为博物馆的“主人”。这里设有各种乐器体验场所，参观者可以去玩吉他、玩贝斯、打鼓、玩键盘，并根据每件乐器旁边显示屏上的简单演奏教程自助学习演奏。除了进行演奏体验以外，参观者还可以感受声乐表演，让自己成为一个“歌者”，还能在 DJ 体验空间里找找当 DJ 的感觉。此外，参观者还可以选择 cosplay 成电影《星球大战》里的角色，在博物馆里进行音乐体验，十分具有未来感。

上述音乐博物馆在音乐交互性上做出了较多努力，与此同时，有些音乐博物馆则开始尝试用高科技的现代化方式“还原”音乐现场，“重塑”音乐历史。贝多芬故居博物馆自 2004 年开始使用现代化的表现方式逐步打造一个“数字化的贝多芬故居”。在多媒体数据收藏演播厅的电脑里，参观者能够看到贝多芬作品的手写体和第一次印刷的文本，听到由德国留声机协会录制的所有贝多芬的作品，听到和读到声学化了的手稿，可以通过书信和图画了解贝多芬的生活，倾听贝多芬书信的朗读，造访虚拟展览，看到贝多芬在维也纳最后住所的数据化三维立体重塑图等。故居内音乐试听舞台则尝试运用新媒体，通过试听技术重新演绎贝多芬的作品，以全新的方式，将挑选出来的两部贝多芬作品以三维电脑构图的模式展现出来。分布于室内的 18 台扩音器让参观者享受到超凡的立体声效果，抽象的图案和造型展现和运动在幕布上，参观者借助三维眼镜看到一个虚幻的世界。更有趣的是，这个音乐试听舞台的演出厅里还安装了 4 台互动装置，参观者可以操作装置使角色和与之相关的声音在三维空间里移动，把自己对剧情的演绎和构想注入歌剧里，可以说是在一定程度上参与演出。

四　国外音乐博物馆的配套设施与活动组织

音乐博物馆有着与其他类型博物馆相同的配套设施，如图书馆、纪念品商店、咖啡厅、餐厅等，让参观者在徜徉了音乐之旅后还能获得更贴心闲适的身心享受。同时，音乐博物馆也具备一些独有的配套设施，其中最重要的无疑是用于演出的音乐厅或者剧场。国外绝大多数音乐博物馆都配套有规模不等的演出场所。就活动组织而言，除了常规的讲座、论坛以外，组织演出或者举办音乐会成为大多数音乐博物馆的“必修课”。一些音乐博物馆组织的音乐会所使用的乐器都是该馆的乐器藏品，如巴黎乐器博物馆、英国音乐博物馆便是如此。这听起来似乎令人觉得不可思议，但事实上，使用历史乐器藏品进行表演，非但不会损坏藏品，反而能使其焕发新的生命力，使参观者不仅能聆听到历史乐器的乐音，还可以从中体味过去的音乐韵味和音乐时光。这种场域内所产生的艺术感染力是任何形式都无法替代的。

五　国外音乐博物馆的建筑

著名哲学家黑格尔曾说：“音乐是流动的建筑，建筑是凝固的音乐。”此语道出了音乐与建筑的亲密关系。可以想见，音乐博物馆的建筑自然也会与众不同，目前所知大致可分为两大类。

一类是旧址改建、扩建或翻建。维也纳音乐博物馆和维也纳古乐博物馆都是由旧皇宫改建而成。前者是在阿克杜克·查尔斯的皇宫的基础上改建，后者是设在旧维也纳皇宫（Neue – burg）内。单从这两座音乐博物馆的选址就能感受到音乐对于维也纳这座城市是何等重要。比利时布鲁塞尔乐器博物馆馆址最初设在斜对沙布隆大教堂的一栋老建筑里，2000 年 6 月迁入坐落在市中心“艺术山”的新址，这里原为名叫 Old England 的百货公司，是一座历史悠久的、典型的“新艺术”风格建筑，1899 年由建筑师保罗·森特诺伊设计，被认为是比利时最美的新古典主义和新艺术派主义的经典之作。无独有偶，威尼斯音乐博物馆也设在一幢新古典主义的建筑中。

另一类是由建筑师设计修建。美国西雅图音乐体验馆的场馆由先锋派建筑师设计建造，其设计概念是几把被敲烂后丢在地上的吉他，建筑外观没有任何几何图形，建筑外观色彩明亮，由 3000 枚不锈钢片和铝片组成的闪闪发光的建筑外表力图展现出音乐的力度与流动之美。然而，这座建筑一度被列入世界十大最丑著名建筑之一。与此结果截然不同的是，德国柏林乐器博物馆却是闻名国际建筑界的柏林音乐厅建筑群增建的一个部分。这座乐器博物馆作为该建筑群的新成员，依然由德国著名建筑师汉斯·夏隆操刀设计，延续了“船形母题”的建筑风格，整个建筑设计精致巧妙，像一个精巧的“音乐盒”。美国乐器博物馆作为一座较新的、规模较大的专业乐器博物馆，其建筑风格也十分简约大气，无论是建筑外观，还是展馆内景，呈现给参观者的都是一座壮丽的音乐殿堂。

毫不讳言，音乐博物馆的场馆无论是旧址还是新建，不管是古典或是新奇，都已成为吸引参观者的原因之一。

参考文献

［1］［美］休·吉诺维斯、玛丽·安妮·安德烈编：《博物馆起源：早期博物馆史和博物馆理念读本》，路旦俊译，译林出版社 2014 年版。

［2］段勇：《当代美国博物馆》，科学出版社 2003 年版。

［3］［英］海勒娜·拉·露：《乐器中的音乐史：英国音乐博物馆叙事》，谢瑾译，萧梅校对，《音乐艺术》2006 年第 1 期。

［4］王巍：《走进世界最大的乐器博物馆》，《乐器》2012 年第 8 期。

儿童博物馆教育实践模式考察

——以韩国国立民俗博物馆儿童博物馆为例

田莉莉*

一　前言

当前，儿童博物馆在世界范围内呈现出蓬勃发展的态势。韩国作为率先建立儿童博物馆的亚洲国家之一，虽然较之欧美等国起步较晚，却迅速发展成后起之秀。其中，韩国国立民俗博物馆儿童博物馆更是仅用十余年即走出了一条独具特色的发展之路。其趣味盎然的展览、丰富多元的教育活动吸引着世界各国慕名而来的游客，也成为国内外博物馆教育人员借鉴的对象。相比之下，我国博物馆儿童教育和儿童博物馆的发展都较为滞后，无论是在理论观念还是实践方法上，都需要积极借鉴国外的成功经验。

鉴于此，笔者结合2015年在韩国参加 Cultural Partnership Initiative（CPI）文化交流项目期间对韩国国立民俗博物馆儿童博物馆的学习考察经历，通过对其儿童教育发展理念、教育项目开发、教育运行机制等议题的梳理和研究，试图整理出韩国国立民俗博物馆儿童博物馆教育发展策略和实践模式，以期为我国博物馆儿童教育和儿童博物馆的发展提供可资借鉴的有益经验。

*［作者简介］田莉莉，北京民俗博物馆馆员。

二　韩国国立民俗博物馆儿童博物馆的发展历程

（一）儿童博物馆在韩国

相对于欧美等国，亚洲对博物馆儿童教育重要性的认识要晚得多，儿童博物馆的起步时间迟了将近一百年。1980 年，亚洲第一家儿童博物馆——广岛儿童博物馆（Hiroshima Children's Museum）在日本诞生，亚洲的儿童博物馆发展历程随之开启。韩国的第一家儿童博物馆——三星儿童博物馆于 1995 年建成开放。自 1995 年至今 20 年间，不包括建设中和未登记在册①的博物馆，韩国的儿童博物馆数量已达到 30 座，成为亚洲国家中儿童博物馆发展最快的国家之一（见表 1）。2015 年年底，坐落于韩国全罗道光州的亚洲文化天堂中的儿童文化园将成为韩国最大的儿童博物馆正式对外开放。② 此外，2015 年 10 月韩国儿童博物馆协会已正式成立。

表 1　　韩国现有儿童博物馆（至 2015 年）

序号	名　称
1	京畿道儿童博物馆
2	国立庆州博物馆儿童博物馆
3	国立公州博物馆儿童博物馆
4	国立果川科学馆儿童探索馆
5	国立光州博物馆儿童博物馆
6	国立金海博物馆儿童博物馆
7	国立罗州博物馆儿童博物馆
8	国立大邱博物馆儿童博物馆
9	国立民俗博物馆儿童博物馆
10	国立扶余博物馆儿童博物馆
11	国立亚洲文化天堂儿童文化园
12	国立全州博物馆儿童体验馆
13	国立济州岛儿童体验馆

① 韩国还有一批不以“儿童博物馆”命名的儿童博物馆，比如称为“学习馆”、“文化园”、“体验馆”等。

② 在名称上，虽然称之为文化园，但实际是以儿童体验为主的儿童博物馆。此前韩国面积最大的儿童博物馆是京畿道儿童博物馆，展厅总面积约 1200 平方米，而新建成的儿童文化园仅常设展面积就逾 1500 平方米。

续表

序号	名　称
14	国立中央博物馆儿童博物馆
15	国立晋州博物馆儿童博物馆
16	国立清州博物馆儿童博物馆
17	国立春川博物馆儿童博物馆
18	国立韩文博物馆儿童博物馆
19	国立海洋博物馆儿童博物馆
20	国立现代美术馆儿童美术馆
21	大韩民国历史博物馆儿童体验馆
22	木浦儿童海洋科学馆
23	首尔想象世界
24	韩国传统文化儿童博物馆
25	蔚山博物馆儿童学习馆
26	仁川儿童科学馆
27	仁川儿童博物馆
28	战争纪念馆儿童博物馆
29	韩国漫画博物馆儿童博物馆
30	Hello Museum

（二）韩国国立民俗博物馆儿童博物馆的发展历程

韩国国立民俗博物馆儿童博物馆是韩国第一家国家级的儿童博物馆。其成立一方面得益于韩国政府大力提倡学校与博物馆的衔接，另一方面是韩国国立民俗博物馆的儿童教育工作通过多年开展，已经验成熟且渐成体系（见表2）。2003年2月，韩国国立民俗博物馆儿童博物馆正式成立并对外开放。

表2　　韩国国立民俗博物馆儿童博物馆发展阶段及儿童教育工作特点

发展阶段	时间	主要内容及特点	备注
第一阶段	1966年10月—2000年6月	● 儿童群体作为青少年服务对象的一部分 ● 两间工艺教室 ● 开设韩国传统手工艺制作、民俗知识讲座、农作习俗体验等活动	儿童教育工作由管理课承担

续表

发展阶段	时间	主要内容及特点	备注
第二阶段	2000 年 7 月—2009 年 4 月	● 2003 年 2 月儿童博物馆成立并对外开放，儿童被正式视为一类特别服务对象 ● 儿童展览开展，展示与主馆一致的韩国日常民俗生活 ● 2008 年 12 月起，开始展出取材于传统民间童话的展览 ● 教育项目增多，服务群体扩大至家庭成员、弱势群体等	儿童教育工作由涉外教育课承担
第三阶段	2009 年 5 月—2010 年 1 月	● 更名为韩国国立儿童博物馆 ● 依照国际流行的儿童博物馆运营模式进行 ● 保留民俗特色，向专业化发展	● 行政隶属为国立民俗博物馆，业务独立运营 ● 儿童博物馆包括展览企划课和教育课两个部门
第四阶段	2010 年 2 月至今	● 再次更名为韩国国立民俗博物馆儿童博物馆 ● 遵循儿童为中心的服务理念，以民俗为切入点，形成自己的特色和发展模式	作为国立民俗博物馆的一个部门

三　韩国国立民俗博物馆儿童博物馆当前的教育模式

（一）韩国国立民俗博物馆儿童博物馆的宗旨和目的——为孩子铸造梦想的乐园

儿童博物馆是一个为儿童需要和兴趣服务的机构，它通过提供能够激发儿童好奇心的展览和活动促进儿童学习。它是一个有组织的永久性非营利机构，由博物馆专业人员运用、保管和展览有形的实物并定期对公众开放，以达到教育的基本目的。① 儿童博物馆的定义仍在不断定义中，但具备以教育为目的、以观众为中心和情境式互动展示策略三要素②是目前国际普遍接受的观点。

在此基础上，韩国国立民俗博物馆儿童博物馆将保护儿童的创造性摆在了首位，指出："儿童博物馆是儿童的学习中心，是儿童发挥无穷想象力的地方"，

① 张海水：《中外文化语境下的"儿童博物馆"性质辨析》，《现代基础教育研究》2014 年第 12 期，第 69 页。

② 陈涵郁：《儿童博物馆的百年发展》，《博物馆与文化》2011 年第 1 期，第 38 页。

并将宗旨定为："儿童博物馆——滋养孩子的心灵之所，文化萌芽之处。"旨在以游戏的方式，使来此的儿童通过动手操作和互动探究既获得亲身体验，更由此触发学习的兴趣和对外界的想象力。博物馆教育的最终目的是经由不同的文化体验和对自由梦想的激发，使儿童真正成为本国文化的主人。

（二）韩国国立民俗博物馆儿童博物馆当前教育的主要模式

"展教合一"是当前儿童博物馆开展教育的成熟通用的模式，即通过儿童展览和教育活动项目相结合的方式来开展教育。韩国国立民俗博物馆儿童博物馆也不例外。而作为民俗类专题博物馆，民俗资源的大量利用成为其儿童教育有别于其他儿童博物馆的最大特色。

1. 儿童互动展览——用孩子的语言解释民俗

韩国国立民俗博物馆儿童博物馆与主馆相连，包括 1 个常设展厅和 2 个特别展厅，占地近 800 平方米。展览最初的定位是针对 7—9 岁的儿童，任务包括三方面：一是从儿童的视角出发，举办传统文化和多元文化的展览；二是创造愉悦的氛围，激发儿童的创造性和主动性；三是开发多元的展览方式。其目的在于通过刺激儿童的多元感官，让儿童在互动体验中加深对展览内容的理解。而展览从选题到展示的全过程都围绕传统民俗文化知识的宣传和教育展开。

（1）展览内容——从故事中了解民俗文化和生活常识

韩国国立民俗博物馆儿童博物馆的展览包括常设展和特别展。常设展的展出时间一般为两年，特别展则每年更换（见表 3）。① 在展览中，通过实物、场景模型以及声音、色彩、灯光等手段的营造，儿童们在身临其境的情境式体验中充分发挥自己的想象力，或将自己融入神奇的童话世界中，或在近乎真实的生活场景中，了解时代背景、风俗习惯、生活方式等历史信息和文化常识（照片 1）。在展的特别展《你好大树》中，孩子们在一间传统韩屋内，以"过家家"的形式体验家具、餐具、厨具、农具等一切木制品是怎样与日常生活发生联系，通过游戏的过程，了解传统韩屋的结构和建造过程、过去的生活方式等，进而感受人与自然的密切关系，理解保护大树、珍惜资源的重要性（照片 2 和照片 3）。

① 在开馆的最初五年里，博物馆采用的是跟主馆一致的对韩国衣食住行等习俗的陈列展示。从 2008 年开始，儿童展览以韩国传统民间童话为主题，结合儿童认知特点进行展陈的全面改造和设计。除了全面刺激儿童的"五感"外，逐渐融入越来越多的本国传统文化元素。

表3　　韩国国立民俗博物馆儿童博物馆展览情况

<table>
<tr><th rowspan="2">年份</th><th colspan="4">展览名称</th></tr>
<tr><th colspan="2">长期展</th><th colspan="2">特别展</th></tr>
<tr><td>2008</td><td colspan="2">沈青传</td><td colspan="2"></td></tr>
<tr><td>2009</td><td colspan="2">沈青传</td><td colspan="2">玩偶中的小国与大世界</td></tr>
<tr><td>2010</td><td colspan="2">沈青传</td><td colspan="2">寓言中的神奇游乐场</td></tr>
<tr><td>2011</td><td colspan="2">沈青传</td><td colspan="2">我们一起玩儿</td></tr>
<tr><td>2012</td><td colspan="2">兴夫传</td><td colspan="2">我们一起玩儿</td></tr>
<tr><td>2013</td><td colspan="2">兴夫传</td><td colspan="2">有趣的通信世界之旅</td></tr>
<tr><td>2014</td><td>兴夫传</td><td>日月兄妹</td><td>有趣的通信世界之旅</td><td>便便的旅行</td></tr>
<tr><td>2015</td><td colspan="2">日月兄妹</td><td>便便的旅行</td><td>你好大树</td></tr>
</table>

（2）展览方式——在互动式游戏中获得知识

面向儿童的展览服务主体是儿童。喜爱游戏是幼儿的天性，是儿童具有个人特色体验周围世界的方式。儿童与成人的学习方式不同，成人通过逻辑思维进行思考学习，而儿童主要通过身体体验进行感觉和经验学习。心理学的研究表明："对一个陌生事物仅凭听觉，其接受率为15%；仅凭视觉，接受率为25%；视觉和听觉相结合，其接受率可达到65%，大大超过二者之和；另外触觉接收到的信息的暂存时间比视觉的长20倍，比听觉的长10倍。"① 可见结合触摸、聆听、闻嗅、动手做、口述表达、表演等多元感官形式的展示远胜于阅读和观赏等单一视觉形式的展示效果。

韩国国立民俗博物馆儿童博物馆的展览中，展示环节均以游戏串联，没有讲解员，也没有大段的说明性文字，孩子们完全从兴趣出发，自由体验。拟声、灯光、影音等媒介体的适当运用，拓印、拼图、转盘、翻拉式图文、积木、按钮等互动装置的灵活设置让孩子们在新奇有趣的氛围中随时参与其中（照片4、5、6、7、8、9）。此外，开放性问题、探索性游戏、故事分享环节等通过让儿童表达和表演等方式，进一步启发儿童思考，加深对展示内容的理解和记忆（照片10、11）。

此外，韩国国立民俗博物馆儿童博物馆展览中设有真品实物展示的内容。"博物馆的长处在于拥有实物来展示，可以让观众产生与真实物件直接面对面沟

① 胡琳：《试论儿童博物馆特点及展览设计要求》，《中华女子学院学报》2013年第1期，第111页。

通的真实感。"① 韩国国立民俗博物馆儿童博物馆馆长、高级研究官李官浩认为："与担心展品被损坏的种种顾虑相比，让儿童对真品实物所承载的文化价值有更深的认知则更为重要。尤其是民俗实物，往往因为其承载着使用者的情感和记忆而具有更加特殊的意义，观众由此而生的感受是复制品或其他物件不可替代的。"② 因此韩国国立民俗博物馆儿童博物馆的实物真品展示也成为该馆区别于韩国其他同类博物馆的特色之一（照片 12、13）。

（3）展览的实施过程

韩国国立民俗博物馆儿童博物馆，一部展览的完成大致分以下几个步骤进行（如图 1 所示）：

确定选题	•资料收集准备 •提出参考选题 •邀请相关领域专家及各方代表征求意见 •综合意见建议，确定选题
展览设计施工	•由博物馆和设计公司共同组成团队 •完成与展览相关的各项文化副产品的设计开发制作 •展览制作与布展
展览评估	•挑选第三方评估公司 •根据评估结果对展览进行改进或更换，作为下一部展览参考
经验总结和成果发表	•组织规模不等的研讨会总结交流经验 •发表或出版相关研究成果 •依此流程准备下一部展览（提前五年开始着手）

图 1　韩国国立民俗博物馆儿童博物馆展览实施流程

开发的文化副产品见照片 14、15。

（4）建馆以来的展览情况

韩国国立民俗博物馆儿童博物馆的展览每年都吸引大量的游客（见表 4）。实际上，博物馆对展览最初的定位是 7—9 岁的儿童，但是近年来被吸引而来的 4—7 岁的儿童群体呈增长之势。这一点将成为博物馆未来展览设计重点考量的新因素。

① 吕理政：《博物馆展示的传统与展望》，《南天》1999 年第 4 期，第 12—13 页。

② 根据 2015 年 10 月 16 日笔者对韩国国立民俗博物馆儿童博物馆李官浩馆长访谈记录整理。

表4　韩国国立民俗博物馆儿童博物馆展览游客参观人数统计（2003—2014年）

年份	参观人数（万人）	
	长期展	特别展
2003—2010	145.7277	15.742
2011	16.542	9.32
2012	13.4689	12.2801
2013	13.3665	10.0283
2014	15.3138	16.7496
共计	204.4189	64.12
总人数	268.5389	

2. 为儿童量身定制的教育计划

针对儿童开发的教育活动已是国际上很多博物馆基本且发展成熟的服务项目之一，也是当前韩国国立民俗博物馆儿童博物馆教育工作的重点。近年来博物馆的教育项目进一步向多样化和精品化发展（见表5）。

表5　韩国国立民俗博物馆儿童博物馆教育项目（2013年）

项目类别		项目名称	参加人数
儿童和家庭教育	周末家庭教育计划	畅游国立民俗博物馆	2185
		我是工艺家	179
		节令美食品尝	412
		精彩的星期六	1158
		走近藏品	291
		韩屋的故事	641
		看世界，学文化	2019
	民俗活动现场体验	民俗村露营	384
		寻找老房子	195
	展览参观	长期展览参观	30092
		特别展览参观	686
		户外展览参观	167
		博物馆老师讲故事	541
		奶奶的老故事	6083
	传统节俗活动	节俗知识课堂	69655

续表

项目类别		项目名称	参加人数
博物馆学校	幼儿课堂	幼儿民俗教室	583
		邻国的故事	624
	博物馆与学校	民俗实地体验	953
		感受活态的博物馆	421
		博物馆探奇	457
		展览中的发现（在线项目）	
	课后学堂	我们的博物馆学校	1026
	假期学堂	玩儿在博物馆	1822
文化共享教育	边远地区儿童教育	探访儿童博物馆	16242
	弱势儿童群体	朋友们，快来博物馆！（低收入家庭）	393
		我们的民俗，我们的手势（智障儿童）	454
		心声的洞听（聋哑儿童和盲童）	116
		文化萌芽课堂（长期患病儿童）	604
	周六文化学校	传统节俗文化体验	593
		回到过去时光之旅	473
文化多样性教育	多元文化探索箱	了解多元文化探索箱	688
		多彩的世界节日（假期）	437
		多元文化探索箱教员培训	33
		多元文化探索箱的使用	48460
共计	12	34	189067

（1）家庭教育项目

除了儿童，韩国国立民俗博物馆儿童博物馆也关注作为陪伴者的父母和家人，将对他们的教育放到了与儿童教育同等重要的位置上。采取的主要做法是，以家庭为单位，提供丰富的周末文化体验活动；结合节令和假期，利用民俗村的有形和无形历史文化资源组织实地民俗体验；学习、了解并制作传统工艺品。通过这些活动融洽家庭关系，同时增进整个家庭对韩国传统文化的了解（照片16）。

（2）文化共享教育项目

所谓文化共享，主要是针对边远地区、低收入家庭、残障患病等文化弱势儿童群体开展的博物馆教育，保证他们享有与其他儿童同等的文化权益，这也是博物馆实现其“公共服务”职能的重要体现。博物馆的做法主要是通过对这些贫困或边远地区的社区、医院、学校等地进行探访，为这些地区的儿童举办流动展览或将文化体验项目带到当地去；或安排特别开放日，邀请这些儿童走进博物馆体验传统工艺制作，参观展览，体验多元文化箱等活动，让这些儿童获得与普通儿童同样的文化体验（照片17）。

（3）博物馆学校

博物馆教育是学校课堂教育的延伸。同为教育机构，博物馆却与学校课堂教学有着完全不同的教育模式。博物馆通过情境式的互动体验，大量的实物展品、互动展示和多媒体影音等媒介的辅助，游戏形式的设计，让儿童在游戏中主动去探索和思考。较之学校被动的单向性知识传递，博物馆无压力、轻松的教育模式让儿童特别是低龄儿童接受和理解知识更快。博物馆学校教育项目的主要做法是配合学校教材，了解学校课程需求，组成专门的研究团队，结合主馆的藏品、展览和儿童博物馆的互动展开发出与展览相关的生动有趣的博物馆课程；同时组织实地民俗体验项目，让儿童通过实地观察和亲身体验加深对课本知识特别是对本国传统文化的认知，实现学校课程与博物馆教育相联结（照片18）。

（4）文化多样性教育项目

2000年以后，在全球化浪潮的影响下，随着大批外国移民的涌入，韩国单一民族的国家形态发生改变，日益走向多民族和多元文化社会。据统计，截至2010年12月，在韩国居留的外国人达1261415人，占韩国总人口的2.5%，这一数字还在增加。① 在此背景下，此项目的开展目的在于让韩国的儿童建立更为广阔的世界观，懂得欣赏尊重文化多样性。博物馆主要做法之一是通过开发和运营“多元文化探索箱”来实现。所谓“多元文化探索箱”其实是一组大小不一、装满各类“宝物”的流动展览箱，每年以不同国家为主题，② 通过特定的物件展示，让儿童经由体验对该国衣食住行用等各方面的风俗和文化特色有所了解和直观的认识。探索箱的箱体根据展示物件的特性量身定制，展示物件的数量和种类不定，一般包括四类（见表6）。探索箱中的物件儿童均可以自由触摸体验。同时，通过老师的讲解并辅以与探索箱配套的故事书、游戏册、模型等学习材料，加深儿童对展示内容的理解（照片19、20）。

① 金玉：《论韩国多元文化的价值观》，《延边大学学报》2012年第8期，第73页。

② 选题依据是现居韩国境内的移民数量，比如2010年首次展出的菲律宾文化探索箱，菲律宾是当时韩国境内移民数量最多的国家。

表 6　　多元文化探索箱内主要物件

种类	物件
实物	食品、服装、房屋（模型）、儿童玩具用品等
视听材料	图像、光盘、听觉材料
学习用品	信息卡、练习册、故事书、教材等
五感材料	能够刺激形、声、闻、味、触等感觉器官的材料（卡片、拼图等）

除了用来开展儿童博物馆自身的多元文化教育外，其他多元文化中心、学校、图书馆或其他博物馆等相关机构只需要登录儿童博物馆的网站申请，支付少量搬运费，就可以以租借的方式来使用探索箱。儿童博物馆每年还会对使用单位进行六到七次的专门培训（照片 21、22）。多元文化探索箱自开发运营以来深受欢迎，不仅增进了韩国儿童对多元文化的认识和理解，博物馆也与相关社会机构形成了长期合作的关系，实现了资源共享（见表 7）。

表 7　　儿童博物馆多元文化探索箱使用情况（2010—2014）

年份	主题国家	使用次数		参与人数
		博物馆内	馆外机构	
2010	越南文化箱 蒙古文化箱	32	132	6843
2011	菲律宾文化箱	184	389	34419
2012	韩国文化箱	271	471	40820
2013	乌兹别克斯坦文化箱	342	931	54142
2014	印度尼西亚文化箱	284	617	46843
总计	6	1113	2540	183067

（5）馆外讲师登记制

博物馆教育项目的开展以充分研究为前提，而研究人员力量的强弱直接影响项目设计的效果（见表 8）。为了进一步增强儿童博物馆教育的广度和深度，从 2007 年开始，儿童博物馆启动了馆外讲师人才库建设，经过不断发展完善，逐渐形成了从选拔到管理的一套完整体系。通过这项制度，博物馆每年组织一到两次的选拔（如图 2 所示），从社会上挑选出一批来自不同专业领域的优秀馆外讲师纳入博物馆的人才库。凡是进入人才库的讲师可以根据自己的专长，有选择地参与博物馆的不同教育项目。截至目前，儿童博物馆的馆外讲师已近四百名，讲师人才网络也由首尔扩展到全国各地（如图 3 所示）。这一批带着不同专业背景的讲师既是对博物馆既有研究力量的补充，他们的智识和新教学方式也为儿童教育带来了新的活力。

表 8　韩国国立民俗博物馆儿童博物馆现有人员构成

职称/职位	专业背景	人数	备注
高级研究官	民俗学 韩语 人类学	3	包括儿童博物馆馆长
教育官	历史教育 美术 博物馆教育	3	不可随意调换岗位
策展人	古代建筑 民俗学	2	可以调换岗位
行政人员	行政管理 建筑	3	
研究员	教育、民俗学、韩语、历史学、美术、博物馆教育、儿童教育等	20	岗位可更换
实习生	教育学、民俗学、历史学、美术等	4	岗位经常变动
总计	35		

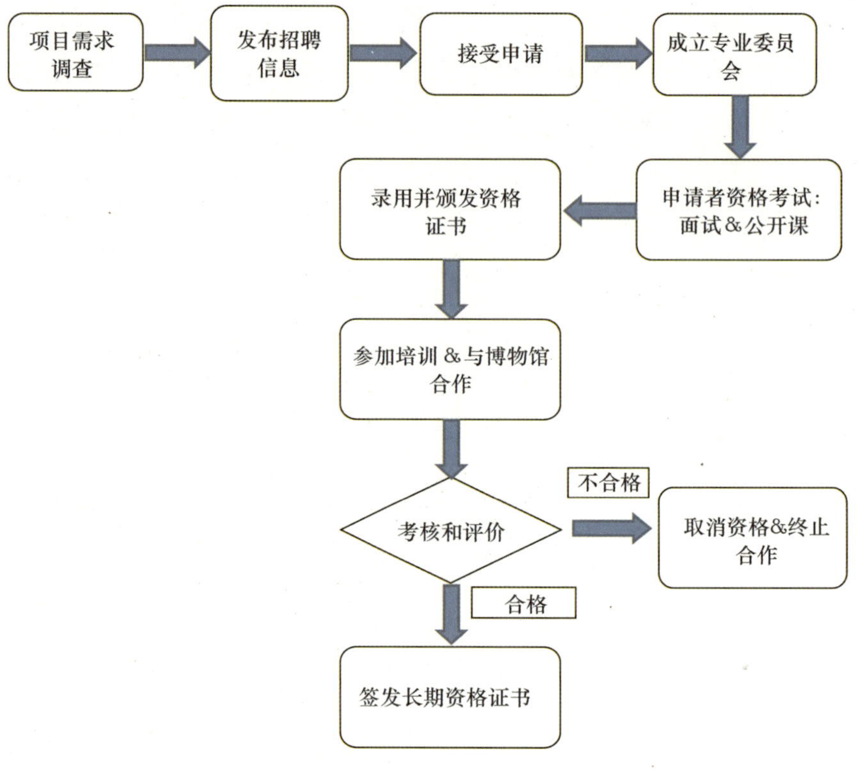

图 2 馆外讲师选拔程序

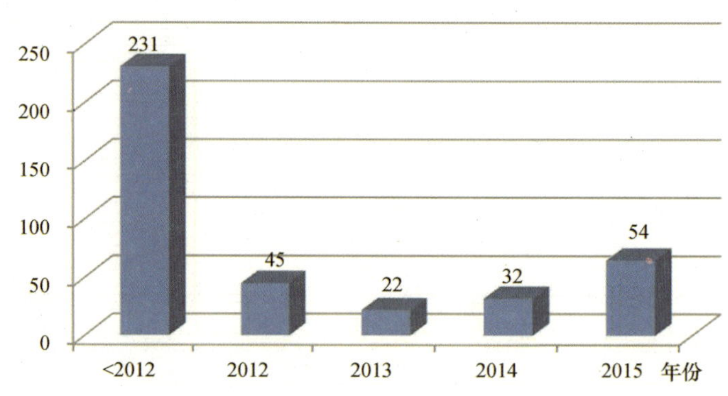

图 3 儿童博物馆讲师人数统计

四 分析与思考

生动有趣的展览、灵活多样的教育活动使韩国国立民俗博物馆儿童博物馆自开馆以来持续拥有较高的访问率，既产生了良好的社会效益，也充分体现了博物馆的价值（如图 4 所示）。

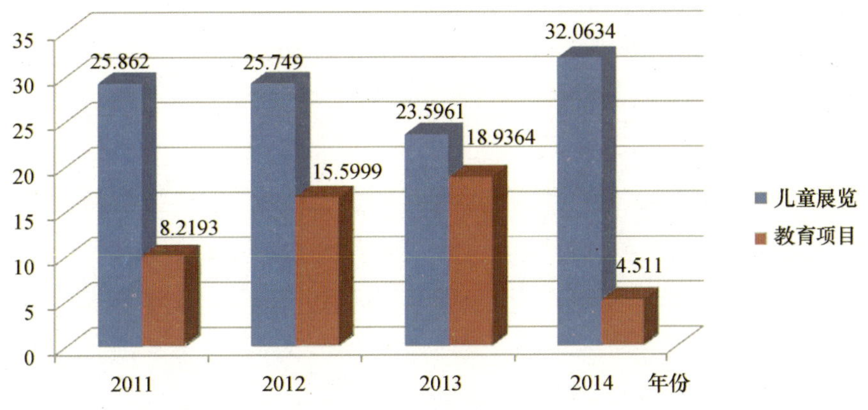

图 4　韩国国立民俗博物馆儿童博物馆游客人数统计（2011 年 1 月—2014 年 5 月）

由上，对韩国国立民俗博物馆儿童博物馆的儿童教育实践呈现的特点及原因分析如下：

1. 政府推动下的学校教育与博物馆教育的合作交流机制

儿童是国家的未来和民族的希望。纵观世界，提倡博物馆教育与学校教育的衔接和支持儿童博物馆的发展是普遍做法。韩国同样如此。在韩语中，“儿童”一词本指孩子唱歌的声音宛如天籁，纯净而美好。之所以用这个词来定义儿童，是因为“儿童不只是代表年轻和不成熟，更是辉煌未来的创造者”。韩国在《社会教育法》中规定，“社会教育是指除依据其他法律所进行的学校教育，为国民的终身教育的所有形态的有组织的教育活动”。社会教育在韩国的定义与终身教育概念比较接近。可见，儿童教育和家庭教育都包含在社会教育中。① 这项法规成为韩国的众多儿童博物馆开展灵活多样的教育项目的依据和先决条件。

从 20 世纪 90 年代开始，韩国政府开始不遗余力地推行教育改革，尤其重视博物馆在儿童教育中的作用，标志之一就是大力提倡博物馆开展儿童教育和鼓励儿童博物馆的发展。韩国国立民俗博物馆儿童博物馆的建成发展同样是国家重视的直接体现。一方面，政府推行的诸多政策从国家层面为博物馆的儿童教育开展创造了良好的外部条件。比如，1997 年韩国的《教育法》规定“中小学生除了学习课本知识外，必须要有现场体验”②。这一规定直接推动了学校与博

① 张海水：《中外文化语境下的“儿童博物馆”性质辨析》，《现代基础教育研究》2014 年第 12 期，第 72 页。

② 根据 2015 年 10 月 16 日笔者跟韩国国立民俗博物馆儿童博物馆李官浩馆长访谈记录整理。

物馆的合作；在这项政策坚持多年后，2015 年现任总统朴槿惠在此基础上又提出了“自由学期制”的政策，明确提出鼓励博物馆等机构积极开发体验性教育项目，进一步加强博物馆与学校的合作。① 除此之外，政府还在资金上给予充分的保障。韩国国立民俗博物馆儿童博物馆每年获得的教育活动经费拨款都在 20 亿韩元（1100 万元人民币）左右，充足的经费保障成为其教育活动顺利开展的重要前提。

另一方面，面对每次教育政策的调整，韩国国立民俗博物馆儿童博物馆在积极学习的同时，适时甚至是预先就开发出多种多样的教育项目，这种主动学习、积极回应的态度是其教育工作不断开创新局面的又一关键因素。比如，在韩国《教育法》改革之前，博物馆就已经推出了多种民俗体验项目，使馆员与教师之间形成紧密和谐的关系，为日后的合作交流机制打下基础；之后又根据教育政策的变化，推出“博物馆学校”、“课后学堂”、“假期学堂”等项目，在深层消化理解学校教材内容的基础上，开发出适合各年龄层儿童的学习主题、参观内容、学习目标和教育项目，扩大服务群体，增强对老师的培训等。这些措施不仅使博物馆教育与学校教育互为补充，也使国家的教育政策能够从上到下一以贯之地执行，推动了韩国儿童教育的整体发展。

2. 以民俗为切入点的自身特色

从当前看，博物馆儿童教育实践模式主要分为三类：专门面向儿童的博物馆；博物馆内开设儿童空间；博物馆内开设儿童教育项目。② 韩国国立民俗博物馆儿童博物馆兼具第二类和第三类的特征。与综合性博物馆相比，专业类博物馆的儿童教育的优势在于因为研究、收藏、展陈的内容一般针对某一特殊领域或主题，因而能够使儿童对这一领域有更加系统的认识。韩国民俗博物馆儿童博物馆以民俗为切入点，在实践中通过对民俗教育内容上的不断丰富和形式上的不断创新，既强化了民俗博物馆民俗资源丰富的专业优势，又使民俗特色鲜明成为其儿童教育的最显著特征。

儿童博物馆的受众是儿童，抽象思维能力尚未形成或还不强，所以由生活面介入，从他们熟悉的日常生活入手，很容易消除他们的陌生感和抵触感，同时在结合既有经验的基础上，对教育内容更容易接受、理解和喜爱。而民俗具有生活性的“先天优势”，其研究的衣食住行用等方方面面的内容正是儿童最为熟悉的生活场景。比如，取材传统民间童话的儿童展览既有趣又有特色。一方面，童话对儿童的影响不言而喻。讲故事的方式摆脱了一般博物馆静态展示的

① 目前这项工作已在韩国首尔开始试点，2016 年将在韩国全国全面推行。

② 周婧景：《博物馆儿童教育实践模式初探》，《博物馆研究》2011 年第 1 期，第 66 页。

刻板和枯燥，童话中的民俗知识和历史信息以儿童理解和喜爱的方式得以解释传达。另一方面，民间童话中所承载的文化信息借由与真实生活密切相关的面向介入，使儿童即使在没有提示和相关知识储备的情况下仍然能够轻松依据已有的知识背景理解展示内容，从而获得成就感并引发好奇心和深入了解的探知欲。

同时，生活即民俗。一切民俗事项、生活经验和生活常识都是活生生的教材，这也为展览和教育项目的开发和创新提供了源源不断的素材和灵感。比如展览《你好大树》中，展示中的知识点均与日常生活发生关联，除了韩屋、摆件、展品，后期开发的一系列文化副产品均与树木有关或以木头为原材料制成，既精美实用，又创意巧妙。当民俗以这种新奇有趣的方式出现时也更激发了孩子们的探知兴趣，而儿童对新手段的积极回应则带给设计者更多的灵感和创意。同样，博物馆开展的一项以生产习俗为主题的实地体验项目，不是单单一次让儿童体验劳作过程的活动，而是把生活的经验分解为种种具体问题，在此基础上开发出饮食、节俗、礼仪等不同内容，家庭、学校等不同对象，工作日、假日等不同时间，农耕和渔猎等不同生产方式的一系列不同主题的活动，使传统文化遗产在孩子们随时随地的学习中得到保护和传承。

通过以民俗为切入点的儿童教育实践，使到博物馆的参观和体验成为儿童日常生活的延伸。博物馆拉近了与儿童的距离感，刺激了他们主动参与的意愿。同时通过对民俗性的强调，博物馆以儿童熟悉和喜爱的方式，让其经由亲身体验了解自己的文化渊源、先民的生活方式和智慧，同时认识到民俗并不意味着陈旧和老套，而是可以“现代”和“好玩”，从而建立起对本国文化的认同感和民族自豪感。

3. 儿童心理学和儿童行为认知学指导下的教育策略

儿童博物馆是为满足儿童的要求和兴趣提供展示和教育活动的机构，最终目标是要将想要传达的知识和信息转化为儿童观众容易接受的语言，因此对儿童心理发展特点和认知行为模式的了解是制定教育发展策略的根本前提。

瑞士心理学家皮亚杰的儿童认知发展理论直到今天对儿童博物馆的发展仍有很大的指导意义。他认为儿童 11 岁之前在认知方面都倾向于易于认识直观、具象的内容，之后儿童思维才发展到抽象的逻辑推理水平。① 韩国国立民俗博物馆儿童博物馆的展览和教育活动同样采取了基于儿童认知理论指导下的分龄设计，根据不同年龄段儿童的学习模式和认知特点，设计和制定合适的学习主题

① 皮亚杰把儿童的认知发展分为感知运动阶段（0 岁至 2 岁）、前运算阶段（2 岁至六七岁）、具体运算阶段（六七岁至十一二岁）和形式运算阶段（十一二岁以后）。

和教育项目。

针对4—6岁等年龄较小的儿童，他们的注意力时间短，认识的文字和词汇量少，记忆量小，理解力较低，肌肉能力还不强，博物馆的目标设定为以激发孩子的好奇心、想象力和对博物馆的兴趣为主，以直观生动、简单易行、文字少、情节简单的互动展示为主。在展示中，除了以孩子的视角考虑色彩搭配、展品高度、空间布局及安全等因素外，还尽量丰富展示方式。比如，把历史信息和民俗知识作为故事的背景编入剧本，以故事和游戏的形式把孩子带入想象的空间，辅以翻板、拼图、探宝、迷宫、拓印等多种装置，通过语言、动手参与、多媒体等多种展示手法刺激多元感官，创造使孩子乐在其中的多元学习环境。

针对7—12岁的儿童，他们已有一定的知识储备，具备一定的抽象思维能力和综合分析能力，对文字有较好的理解力，身体的灵活性也更强，因此目标设定为在引发好奇心和想象力的基础上，让这个年龄段的儿童得到更多动手操作、接触实物和参与活动的机会。在提升智力、启发创造力的同时，让他们能够将思维、概念和事物相联系，实现自我发现和发展。因此，在展示中，真品展示、开放性问题的设置、小型互动讨论会等都是成功而有效的尝试。

博物馆只有触及孩子的世界，才能形成一套适合自己的教育方法。因此，基于儿童认知模式指导下的分龄考虑、循序渐进的儿童教育策略不仅为韩国国立民俗博物馆儿童博物馆赢得了更多的观众群体，这种适龄、适切的方式也让参与群体对博物馆教育活动的兴趣和热情始终维持在一个较高的水准上。

4. 经验积累上的教育形式的不断革新

韩国国立民俗博物馆儿童博物馆自身发展模式的形成，重要的一点是其多年来始终坚持的自我创新。其中最具代表性的是对家庭项目的丰富创新和亲子观众群的开发。

儿童博物馆未成立前，韩国国立民俗博物馆就已经把家庭教育项目纳入了博物馆教育的整体发展中。像1988年就开始的“奶奶与孙女的工艺教室”、“妈妈的工艺教室”之类的活动，目的在于以传统工艺制为媒介，通过共同制作体验的过程，融洽家庭成员之间的关系。这些项目从一推出，就得到了社会的积极回应。① 对当时的很多家庭而言，与家人一同去博物馆参加这些既有趣又有意义的活动成为理想甚至第一选择。儿童博物馆成立后，更是将家庭教育，特别

---

① 当时因社会环境变化而导致家庭成员之间的情感日益淡漠是韩国普遍而突出的社会问题。人们迫切需要借助这样的活动来弥合疏离感。博物馆“应时”推出的家庭项目具有了特别意义。

是父母教育与儿童教育视为同等重要。儿童因为自身特性在教育活动中更需要家人的陪伴，需要家人对其进行信息传递和行为指导，陪同家人尤其是父母在信息的传递中扮演着关键角色。尤其是近年来，亲子教育模式已成为流行的教育趋势。这种教育不同于传统的以家长为中心的“家庭教育”，也不同于以“儿童为中心”的“儿童教育”，而是强调父母与子女在平等地位上的相互尊重，共同成长和在教育过程中的沟通与交流，增加相互间的亲密度和信任度。① 同时，当今儿童的父母较之他们的父辈，教养观发生了很大的变化。他们希望孩子在博物馆中得到乐趣，在多元学习环境中获得知识，形成正确的价值观、历史观和世界观，更希望通过与孩子共同参与活动的过程促进家人之间的亲密和互动，这种对情感交流的需求甚至大大超越了知识性教育。

综合这些变化，儿童博物馆在展览中充分考虑家庭、亲子群体的习惯特点，比如设立故事角、阅读区，以口语化的语言设计说明牌和互动性的多媒体操作等方式促进亲子互动并达到让儿童认识展品的目的；在活动体验中，根据当今家庭结构和生活方式的特点，在周末和节假日等重要节期进一步推出了一系列灵活多样的活动。儿童在这些活动中，除了获得知识性体验，还通过观察他人行为，在潜移默化中得到如守时、守规等公共意识的教育，提升情绪表达、社交、与他人合作的能力等。同时，这样的家庭活动创造出愉快的全家共享的博物馆记忆，使博物馆成为家庭喜爱的休闲出游地点，从而为博物馆的未来培养出坚定的支持者。

可见，以公众需求为导向的使命感和责任意识推动下的坚持特色和创新发展成为韩国国立民俗博物馆儿童博物馆突破局限、在业内保持首创者和引导者地位的关键因素。② 这种经验积累基础上的主动创新，不仅让博物馆沉淀出一批精品项目，也让其在推陈出新的过程中从起初的单纯照搬模仿逐渐形成自己的经验特色和发展模式，为博物馆的未来发展开拓了广阔空间。

五　结语

从起步到现在，在不到二十年的短时间内，韩国国立民俗博物馆儿童博物馆在与世界博物馆儿童教育发展态势保持同步的同时，初步形成了自身特色

① 刘逢秋：《浅谈专业性博物馆的儿童教育》，《苏州文博论丛》2013 年第 4 期，第 223 页。

② 韩国国立民俗博物馆儿童博物馆保持众多“首家”和“首先”的纪录，比如是韩国首家成立的国家级儿童博物馆，首家把民俗资源作为教育特色的博物馆，首家在儿童展览中坚持使用真品展示的儿童博物馆，首先开发出多元文化探索箱，首先建立馆外讲师登记制等。

和发展模式。爱因斯坦曾说，“想象力比知识更重要”。从其教育实践可以发现，其儿童博物馆儿童教育的卓有成效首先在于国家对儿童教育的高度重视；博物馆强烈的使命感，始终坚持对本国传统文化资源的充分有效利用，既形成了自己的鲜明特色，也让本国的传统文化得到重视、重新梳理和保护传承，焕发出新的活力。此外，博物馆以认真审慎的态度一直跟随时代的脚步，在“孩子需要什么”、“我们能为孩子做什么”的追问和省思中不断革新教育理念、创新教育方式，在经验积累中不断融入自我的原创因素，使博物馆的职能拓展为包括儿童教育、文化艺术传播、科学技术教育、亲子关系促进、本土教育、跨文化教育等兼具诸多职能的教育机构，实现了博物馆的可持续发展。

与韩国生机勃勃的发展态势相比，中国当前的儿童博物馆和博物馆儿童教育，无论是量还是质都与国外先进国家有着较大差距。拥有与人口数量相适应的儿童博物馆，成为鉴别一个国家或地区儿童意识的标尺。① 目前美国有3亿多人口，6000多万儿童，每2万多儿童就有一个儿童博物馆；韩国有5000多万人口，每150万名儿童就有一个博物馆，几乎每个市都有自己的儿童博物馆，而且数量还在增加；但是中国有3亿多儿童，正在运营和在建的儿童博物馆却只有3家，只分布在北京、上海、深圳等发达城市。总体而言，中国博物馆的儿童教育开展不多，且多为临时设置，没有长期规划和系统性，教育手段仍滞留在讲解和导览阶段，从理论到实践上都亟待学习和提高。中韩两国国情不同，但其博物馆儿童教育模式却为我们今后的博物馆儿童教育提供了有益经验和良好的参照。

同时，从世界范围看，除了坚持以服务儿童为中心，对资讯时代的儿童再认识外，将儿童视为儿童博物馆的事业伙伴，把儿童的意见纳入博物馆的管理和决策中，通过与儿童的合作促进博物馆自身的转化，② 从“为孩子而存在”到“与孩子同在”的教育理念正逐渐得到世界儿童博物馆界的普遍认同并已在部分国家开始实践，这也将可能是儿童博物馆教育未来的流行趋势。

① 周婧景：《博物馆儿童教育实践模式初探》，《博物馆研究》2011年第1期，第66页。

② 笔者综合了2016年9月18日在韩国国立中央博物馆举办的“儿童博物馆教育的成效和挑战”国际研讨会上来自美国、英国、新加坡和韩国等各国代表的观点。

1. 日月兄妹——森林场景

2. 你好大树展厅——传统韩屋

3. 你好大树——韩屋展示内部

4. 你好大树——展厅内景

5. 你好大树——展示光合作用翻板

6. 你好大树——食物链观察窗

7. 你好大树——果实采摘手柄

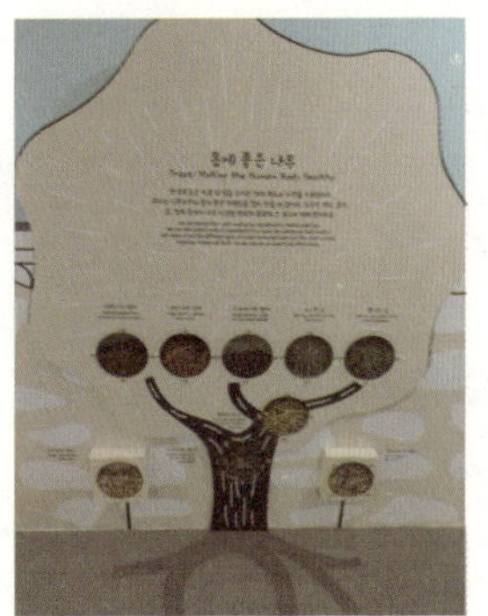
8. 你好大树——果实的闻嗅

9. 你好大树——大树的枝叶拼图

10. 日月兄妹——故事讨论和分享

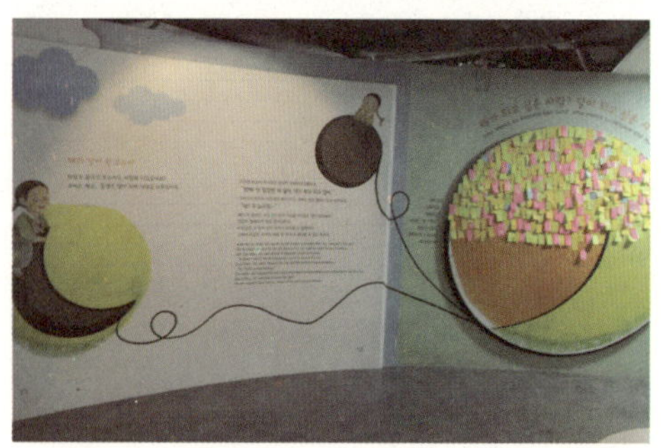
11. 日月兄妹——开放性问题思考墙

12. 你好大树——真品展示

13. 你好大树——真品展示和体验区

14. 你好大树——部分文化副产品

15. 日月兄妹开发的文化副产品——水壶

16. 家庭教育项目——精彩的星期六

17. 文化共享项目——流动的儿童展览

18. 博物馆学校项目——博物馆探奇

19. 文化多样性教育项目——
2015 中国多元文化探索箱

20. 多元文化探索箱——相关学习材料

21. 文化多样性教育项目——
多元文化探索箱的使用培训

22. 文化多样性教育项目——学校通过
乌兹别克斯坦文化探索箱介绍该国文化

北京区县博物馆研究

赵　梅*

摘　要：本文以北京区县博物馆作为研究对象，在调查研究的基础上，分析了北京区县博物馆的数量及分布地区、类型划分、人员、经费、展出、社会教育活动、文化产业、志愿者活动等现状和制约发展的因素，提出促进区县博物馆可持续发展的意见和建议。

关键词：北京区县博物馆　现状　问题　建议

“十三五”期间，市县级博物馆将成为国家博物馆建设的重点之一。如何改变基层博物馆的现状，提升基层博物馆的水平，已是制约全国博物馆总体水平的一个重要环节。北京区县博物馆在规模、水平、经费、人才结构等方面与全国县（市）博物馆的情况基本相似，其在博物馆总数中所占比例都很接近。因此，对北京区县博物馆进行调查研究，分析北京区县博物馆普遍存在的问题，研究对策，不仅有利于北京博物馆事业的发展，而且对全国基层博物馆建设也有一定的意义。

一　北京区县博物馆的基本现状

北京市辖内共有 14 个区、2 个县和 2 个特区，近年北京博物馆学会对分布

*［作者简介］赵梅，北京市白塔寺管理处，馆员。

在北京各区县的（非国家部委和市直属）博物馆进行问卷调查，以下报告内容中的基本数据和统计分析信息基于已回收的全部41份有效调查问卷。

（一）数量及分布密度

从问卷调查的情况看，区县博物馆在北京地区的数量和分布差异十分明显。全市区县博物馆分布密度约为每400平方公里分布1座区县博物馆。其中，延庆县、昌平区、朝阳区、西城区的区县博物馆数量较多，占调研总数的65%，共计27家。这4个区县面积约为3867.25平方公里，分布密度约为每150平方公里分布1座。而余下12个区县的面积约为12543.29平方公里，区县博物馆总和仅有11家，分布密度约为每1150平方公里才分布1座。

（二）类型划分

1. 博物馆规模

这41家被调查区县博物馆的规模不一，根据规模分级标准，大型博物馆［藏品数量在30000件（含）以上，建筑面积在10000平方米（含）以上］有2家，分别是明十三陵博物馆（十三陵特区）和中国民兵武器装备陈列馆（通州区）；中型博物馆［藏品数量在5000件（含）以上并在30000件以下，建筑面积在4000平方米（含）以上并在10000平方米以下］共有11家；小型博物馆（藏品数量在5000件以下，建筑面积在4000平方米以下）则有28家。其中，具有代表性的区县级综合博物馆的相关数据见表1（平谷博物馆正在筹建中，未纳入统计）：

表1　部分区县级综合博物馆有关数据

博物馆名称	规模	建筑面积（平方米）	展品数量（件）
门头沟区博物馆	中	10120	850
延庆县博物馆	中	6400	1000
密云县博物馆	小	2445	400
怀柔区博物馆	小	1800	254
海淀区博物馆	小	1631	230

由此可见，在北京地区区县博物馆中，小型馆数量居多，约占全部的68%，而大型馆数量仅占全部的5%，规模差距悬殊。而且，具有代表性的区县级博物馆规模普遍以中小型为主，建筑面积相对较小，展品数量极为有限。

2. 批准单位

据不完全统计，在这41家博物馆中，由文物主管单位批准的博物馆共有31家，比例约为76%，由民政单位批准的博物馆3家，约占7%。由此可见，虽然由文物主管单位批准的博物馆占有绝对比例，但是在注册管理与把关控制方面并非统一。

3. 行政级别

在调查的41家中，有行政级别的30家。其中，属于处级的博物馆12家，科级的18家。

处级博物馆单位主要分布在朝阳区、西城区、房山区、昌平区、通州区和八达岭特区6个区域；科级博物馆单位则分布在昌平区、延庆县、西城区、大兴区、怀柔区、丰台区、海淀区、顺义区、门头沟区、石景山区、东城区以及平谷区12个区县。这说明科级博物馆在全市分布较广。

另外，具有代表性的区县级综合博物馆行政级别普遍为科级单位。

4. 产权性质

在全部41家被调查的博物馆中，有事业单位30家，民营企业6家，集体企业1家，部队所属2家，其他产权性质的2家。其中，产权性质为事业单位的博物馆主要分布在西城区、朝阳区、昌平区和延庆县，共计20家，占事业产权性质的67%。其他产权性质的2家博物馆分别是北京空竹博物馆（西城区）和北京西瓜博物馆（大兴区）。

从整体上看，产权为事业性质的博物馆是区县博物馆的构成主体，民营博物馆也是重要组成部分，呈现出产权多样并存的特点。

5. 博物馆类别

此项数据统计沿用了博物馆分类常用办法，同时尊重各馆实际填报情况。在全部被调查的41家博物馆中，社会科学类是最主要的区县博物馆构成类别，并且主要集中在朝阳区、西城区、延庆县和昌平区。综合类博物馆虽然只有社会科学类的1/3，但是全部9家综合类博物馆分布于7个区县，比社会科学类博物馆分布更为平衡。自然科学类博物馆数量最少，地处外缘，同时类别不甚丰富。

6. 各类“教育基地”

各类基地分为科普教育基地、青少年科技教育基地、爱国主义教育基地3类，每类之下又分为国家级、省市级和区县级3级，统计数值详见表2。

表 2　　各类基地统计情况

	科普教育基地	青少年科技教育基地	爱国主义教育基地
国家级	4 家	0 家	2 家
省市级	14 家	7 家	10 家
区县级	2 家	3 家	8 家

根据统计显示，在这 3 类基地中，科普教育基地和爱国主义教育基地数量最多并且相互持平。在级别上，省市级的挂牌基地共有 31 家，远多于其他两个级别。由此说明，大部分区县博物馆取得了 1 项或多项基地资质，达到或部分达到省市级教育基地资源要求和硬件设施要求，特别是在科普教育和爱国主义教育工作建设方面。

7. 建筑性质

在被调查的 41 家博物馆中利用或沿用已有现代建筑的有 19 家，近代建筑 2 家，古代建筑 6 家，新建建筑 13 家，新建与古代建筑兼有的 1 家。以上结果表明，绝大多数的北京区县博物馆拥有固定的、崭新的现代化场馆，博物馆空间功能划分基本实现，主要业务工作能够在相对稳定的封闭空间内完成。其中的延庆县博物馆、门头沟区博物馆、密云县博物馆、怀柔区博物馆、海淀区博物馆作为代表性区县综合类博物馆拥有较好的建筑空间环境。

8. 文物保护单位

被调查的 41 家博物馆单位除了具有博物馆基本构成条件与特质，尚有部分博物馆或博物馆范围内的历史文化遗存是文物保护单位。其中，国家级文物保护单位 8 家，省市级文物保护单位 4 家，区县级文物保护单位 5 家。各级文物保护单位总数达到 17 家，占被调查总数的 40% 以上。

这种现象与北京历史文化遗产丰厚的客观现实有密切关联。同时，伴随这种特殊“身份”建设发展的博物馆具有与众不同的资源优势，这将进一步影响北京地区区县博物馆的文化呈现和多元构成。

9. 网络宣传

互联网赋予了博物馆发挥传播、交流、宣传、展示的功能，更为崭新、灵活、快捷的传媒途径和方式，在 41 家博物馆中，开设网站进行宣传的有 24 家，包括正在建设网站的朝阳区北京百年老电话博物馆等，几乎达被调查总数的 60% 。这表明，大部分博物馆已经认识到了互联网传媒平台的资源优势与价值，突破了传统宣传模式的瓶颈，纷纷尝试或实现了宣传途径的转变。

这种转变在个别博物馆获得了良好的反馈效果，根据统计，中国长城博物馆（八达岭特区）的网站点击量已经突破百万次，观复博物馆（朝阳区）、明十三陵博物馆（十三陵特区）网站点击量均超过10万次。但是，其他已创建网站的博物馆点击量十分有限，这种现象表明，区县博物馆如何利用互联网资源进行有效宣传需要进一步调研分析。

10. 年平均接待观众人数

41家博物馆年平均接待观众人数总计5830250人。换言之，如果以2010年第六次全国人口普查北京常住人口数1961.2万人为基数计算，那么这些博物馆年平均接待总量相当于北京市常住人口数的1/3。平均每家博物馆年接待观众14万人。因此在宏观上讲，真可谓“门庭若市”。

但是在微观层面，则是另一番景象，博物馆的实际接待情况有巨大差异。

其一，北京红楼文化艺术博物馆、明十三陵博物馆、中国长城博物馆每年共分流观众近500万人，几乎占被调查的博物馆年平均观众总量的九成。

其二，剩余38家博物馆年平均接待观众人数总计92.4万人，平均到每家馆，不足2.5万人，倘若平均到每日，则每馆每日接待观众不足百人。

其三，据不完全统计，在观众构成当中，团体观众占全部观众量的54%，60岁以上的老年观众仅占全部观众量的4%，学生观众占全部观众量的12%。

（三）人员情况

在被调查的41家博物馆中，在职人员（未区分编制状态）共有2331人。在学历方面，具有研究生及以上学历者57人，本科学历者424人。具有本科及以上学历者比例为20.6%。在职称方面，获得高级职称者20人，中级职称者178人，初级职称者118人。获得职称者比例为13.6%。在年龄分布上，35周岁以下人数为1016人，35—45周岁人数为679人，45周岁以上人数为619人。35周岁以下者比例为43.6%。在业务人员构成方面，总数为1274人，其中安保人员552人，讲解人员325人，专业研究人员171人，社教科普人员164人，藏品保管人员62人。

（四）经费

被调查的41家博物馆“十二五”期间年均经费118703.05万元，年均支出103714.93万元，支出比例为87.4%。获得财政拨款的博物馆共有24家，其中，全额拨款的博物馆共22家。使用自有资金的博物馆共有11家。

（五）展陈

被调查的41家博物馆每年举办常设展览126个，平均每馆举办展览3个。每年平均举办临时展览139个。但是各区县博物馆举办数量不平衡，存在差异，西城区和朝阳区相对较多。

（六）社会教育活动

社会教育活动形式分为科普展览、科普讲座、主题活动、影像放映、野外实习及其他活动形式。在被调查的博物馆中，社会教育活动每年共举办 512 次，平均每馆每年举办 12 次活动，观众参与年总计 1865546 人次。

其中，开展科技展览的博物馆共 26 家，科普讲座的 19 家，主题活动的 23 家，影像放映的 12 家，野外实习的 1 家，其他活动形式的共 2 家。这些社会教育活动，既满足了广大参与者的互动需要，也提高了群众对博物馆的体验兴趣。

（七）文化产业

开展文化产品经营业务的博物馆共 10 家。有相关文化产品的博物馆共 18 家，文化产品类型主要包括书刊、相关工艺品或复制品、多媒体产品等。以上博物馆营业状况并不乐观，能够做到收支基本平衡的博物馆仅有 4 家，其余博物馆均有不同程度亏损。

（八）志愿者活动

在这 41 家博物馆中开展志愿者活动的博物馆共 15 家。志愿者总数达 508 人，其中海淀区 208 人，占总量的 41%。西城区 110 人，朝阳区 65 人，怀柔区 65 人，延庆县 40 人，房山区 20 人（如图 1 所示）。

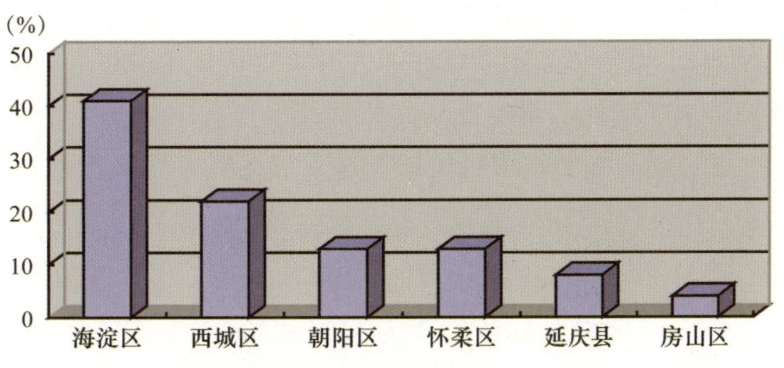

图 1　各区县的志愿者比例

二　发展成就与存在问题

（一）北京区县博物馆发展的环境条件和主要成就

1. 丰厚的历史文化底蕴是博物馆建设发展的优良环境

北京是中国政治、文化、教育和国际交流中心。北京最早的人类活动可推至距今约 50 万年的周口店“北京人”。其后历经文明发展与民族融合，并受到全球化趋势的影响逐步成为一个有着 3060 多年建城史、860 多年建都史的历史文化名城和国际化大都市。北京拥有众多名胜古迹和人文景观，其中世界文化遗产6处、全国重点文物保护单位125处、市级文物保护单位216处，是全球拥有世界文化遗产最多的城市。

北京深厚的历史文化积淀为展示历史提供了丰富的素材，丰富的传统文化资源不但造就了独特的“北京文化”，也为博物馆的多样性建设奠定了良好的文化基础。进入新世纪以来，“爱国、创新、包容、厚德”的北京精神不仅是北京历史文化精髓的浓缩与写照，更是“十二五”期间，北京地区博物馆发展建设的文化核心与探索方向。

2. 持续的办馆模式探索是博物馆体系建设的强大动力

新中国成立后，北京地区的博物馆事业百废待兴。1959年前后，伴随着中国历史博物馆、中国革命博物馆、中国人民革命军事博物馆等大型国家级博物馆的落成与开放，北京区县级博物馆，如北京自然博物馆、定陵博物馆、周口店北京猿人展览馆的相继建立，标志着北京地区博物馆体系建设迎来第一个高潮。20世纪80年代以后，在快速恢复和发展经济的基础上，北京地区新建了一批新的博物馆，如首都博物新馆、中国人民抗日战争纪念馆、中国科技馆、中国现代文学馆、北京市大钟寺古钟博物馆、中国邮票博物馆、宋庆龄故居等。截至20世纪80年代末，北京地区已有各类博物馆、纪念馆和具有博物馆性质的文物单位62家，比1965年增加了3倍，初步建立起了北京地区的博物馆体系。① 进入20世纪90年代，随着政府加大对文博事业建设的政策支持，以及社会公众对博物馆功能认识的普遍提高，北京地区博物馆建设在多领域、多类型方面构建深入，这期间专题类博物馆的迅速发展便是一个很好的例子。到2002年年底，在北京市文物局登记注册的各类博物馆、纪念馆和具有博物馆性质的开放单位已达到118家，比20世纪80年代末增加近1倍。此后，经过10多年的不断发展，至今全市注册登记的博物馆已经达到171家，在世界各大城市中，博物馆的数量仅次于伦敦。其中，民办博物馆的发展势头强劲，现在已达到25家，成为博物馆事业发展中的一支生力军，可谓方兴未艾。

3. 深入的基层工作实践是博物馆功能核心的具体表现

在漫长的发展过程中，北京形成了典型的地域特色和文化特征，散布各处的区县博物馆便是区域文化集中展现的中心。这些基层博物馆虽然在藏品数量和质量上处于中低端水平，但这丝毫不影响地方性特质的优势发挥。因为地方性具有唯一性，发展地方性便赋予了北京区县博物馆崭新的内涵和独特的价值。

区县博物馆普遍处于社区、农村等基层环境，向人们宣传和揭示本地区的

① 马希桂、董纪平：《回顾与展望：中国博物馆发展百年——2005年中国博物馆学会学术研讨会文集》，紫禁城出版社2005年版。

基本文化风貌，处于公共文化服务体系的最前沿，是区域文化的传播中心。“十二五”开始的时候，北京的区县博物馆共举办固定陈列126个，临时展览139个，参观人数186万，发挥了博物馆的文化传承与传播功能，在观众中进一步建立起文化认同感。随着基层文化建设的越发兴盛，区县博物馆数量逐渐增多，质量逐步提高，不但日益成为区域文化建设发展的重要力量，而且使北京地区博物馆体系的各项资源的利用趋于相对平衡和稳定。

4. 特有的地方历史遗存是博物馆进行文化传承的重要资源

基层博物馆肩负着收集、保藏本地区、本专业文物（标本）的重要责任，同时部分基层博物馆还承担着相关地区的不可移动文物保护工作。博物馆对文化的传承是通过对馆藏文物和标本或其他历史遗存的整合利用而实现的。

地方博物馆（包括地市馆和县、区馆），从功能类型看是地方综合类历史博物馆，是搜集、保管和研究当地文化遗存的机构，负责本辖区的文物和标本的调查、征集、保存、研究和陈列工作。从这次调查的情况看，北京的区县博物馆收藏着至少15万件文物藏品。努力挖掘文物藏品所隐含的地方特色和历史文化价值，对于补充和还原古都历史原貌，提高现代城市文明水平具有重要意义。

5. 多样的资源平台搭建是博物馆服务公众的崭新模式

作为北京市最基层的，离普通百姓最近的区县博物馆应当思考如何发挥自身优势和特点，更好地利用本地的文物史料资源，发掘本地的爱国主义、乡土知识教育内容，举办形式多样、内容丰富、贴近群众、贴近生活、贴近实际的展览，使博物馆成为当地学生的校外教育讲堂、当地百姓终生学习的课堂。同时针对自身的区位特点，确立开展基层文化服务工作的三个重点，即乡土教育，农村、学校教育，社区教育。如举办“我的环境，我的家”科普展，通过展览满足了社区群众的需求，博物馆文化有效地融入社区文化之中，并成为社区文化建设的主力军。

（二）制约区县博物馆发展的主要问题

调研课题组通过问卷调查、实地走访、数据分析，将当前北京市区县博物馆发展建设面临的困境和问题，归纳为协调管理、功能建设、专业队伍、持续发展机制和定位等五个方面。

1. 协调管理乏力

由于北京市文物管理部门的性质局限于行业管理，因此对其直属单位以外的众多博物馆只能履行法律规定的审批及业务指导职责，特别是在机构、人员、经费等问题上，这样的管理模式制约了对区县博物馆的实际管控，造成了在行业管理方面的诸多软肋。如专业缺失、经费缺乏、执法无力、行政协调失能等问题较为突出。

2. 功能建设欠缺

北京市郊区县多数没有综合博物馆，已有的几家的规模、配置、现状相当于外省市的县区（股级）博物馆。文物收藏水平较低，区县文委属8所博物馆藏品在5000件以下的有7所，且多为1000件以下。收藏基础薄弱，文物科学管理水平差。展陈条件简陋，专题展览数量少。虽然馆舍条件近年有所改善，绝大多数为中小型博物馆。举办专题展览、学术讲座或其他活动很少，更不能举办影响地方社会经济发展的大中型交流展示活动。研究人员和研究成果很少，具有高级职称者仅有20人，平均每馆半人。因此，学术研究基础较差、后劲不足，因此既不能独立开展学术研究，也不能为地方文化发展和资源利用提供科学依据。

3. 专业队伍缺乏

人才队伍建设是区县博物馆发展的重要问题。北京区县博物馆编制少得可怜，一般为10人左右，且多为行政人员。缺少研究人员、设计人员与研究部门、设计部门的博物馆为大多数，工作人员特别是管理干部，大都是从非文物部门调配过来，专业人员调动（招收）不进来，非专业人员占用专业编制。以前从未接触过博物馆工作，难以构建专业团队。区县博物馆人才建设的另一个重要问题是缺乏行业内的交流通道。一方面，区县博物馆专业人员的知识宽度有限，不大容易被市属博物馆接受。另一方面，由于区县博物馆行政级别比市属博物馆低，市属博物馆的专业人才也不愿意流动到区县博物馆工作。此外，低收入不仅是博物馆专业人员的引入障碍，而且影响现职从业人员的工作热情。

4. 持续发展缺乏机制

区县博物馆数量少，利用率较低，不能适应地方社会发展。全市区县博物馆分布密度约为每400平方公里1座区县博物馆。除了延庆县、昌平区、朝阳区、西城区四个区县外，其余12个区县，其博物馆总数仅有11家，分布密度约为每1150平方公里1座，十分稀少。

自身发展积累能力差，缺乏可持续发展的条件。大部分区县博物馆面对区域社会经济快速发展的外部环境，既没有能力参与其中，又往往处于政策的边缘位置，于是形成了恶性循环。博物馆利用率越低，越是不受重视，越是远离地方发展需要；参与地方社会经济建设越少，越不受重视。博物馆一旦成为可有可无的机构，或者其意义仅仅是一个展厅，那么博物馆便形同虚设，沦落于地方文化机构下游。

5. 发展定位模糊不清

北京区县博物馆在发展方面定位模糊不清呈现三个方面的问题：一是县综

合博物馆数量较少，建成后任务不明确。从1982年至现在的30多年间，北京市区县博物馆从无到有，发展到现在的60余家，数量不断攀升。但是分布极不平衡，有的区县较多，而顺义、怀柔、平谷等区县内分别仅有1家博物馆。16个区县只有8家地方综合性博物馆，建设比较缓慢，平均4年多新建1家博物馆，至今一些区县仍无综合性博物馆。二是区县博物馆的业务建设，长期没有列入地方文化事业发展序列，没有明确工作任务指标。也没有列入市属博物馆发展规划，同北京市博物馆整体发展没有关系。由此，造成一些博物馆某些业务工作长期没有进展。三是利用程度不高，社会作用和影响日益降低。在41家被调查的区县博物馆中，除北京红楼文化艺术博物馆、明十三陵博物馆、中国长城博物馆外的38家博物馆年平均接待观众人数总计92.4万人，平均到每家馆，不足2.5万人，倘若平均到每日，则每馆每日接待观众不足百人。区县文委主管的8家综合性博物馆利用程度也都不高，好一点的馆年参观观众2万—3万人，差一点的2000—3000人。基本陈列办完以后，长期没有地方党委或政府宣传重点的临时专题展览，也没有本馆策划的或引进的藏品展览，宣传和教育阵地作用发挥不出来，使得原有的社会期望和影响力大打折扣。

三　促进北京区县博物馆发展的对策与建议

在党的十七届六中全会之后，全国各地掀起了推动文化大发展、大繁荣的热潮。北京作为全国的文化中心，博物馆数量仅次于伦敦。北京博物馆体系的建立不仅需要大型国家级博物馆，也需要大中型市级博物馆，更需要中小型博物馆。目前，区县博物馆约占北京博物馆总量的40%。而且，位于城区以外的区县博物馆更能够在传承区域文明、服务社会建设的过程中发挥其不可替代的作用，因此更值得重视。

市政府及其文物行政主管部门在建立具有首都特色的博物馆公共文化服务体系的过程中，应加大投入支持区县博物馆的建设，并大力扶植民办博物馆发展。首先，制订统一的北京地区博物馆建设规划，帮助和督促各区县落实综合型或代表型博物馆建设规划，落实市领导关于“每个区县都要有自己的博物馆”指示要求，督导尚未建立综合性或代表性博物馆的区县着手新馆的建设。对海淀、朝阳、西城、平谷、密云等区县的新馆建设计划，要在建设规划、资金扶持、藏品征集和人员编制等方面给以大力支持。对于博物馆密度过低的12个区县，鼓励兴建行业博物馆。保护文化遗产，满足这些区县地区群众的文化需求。从上海地方行业博物馆建设的经验看，区县筹办市级行业博物馆不但可行而且效果好。相信这些区县政府愿意出场地、资金和人力建设市级甚至国家级行业博物馆。其次，打破管理的局限性，努力推动区县博物馆运营经费的落实。建议市财政参照文物修复经费的支出办法，设立“博物馆事业发展专项经费”，用于支持、鼓励新博物馆的建设及老博物馆的扩建改陈，促进博物馆展览档次的提高，开展针对博物馆专业人员的培训，由此也可以吸引博物馆主办者投入相应的配套资金，以提高博物馆的整体水平。出台“关于保障博物馆事业资金的相关规定”，敦促区县级人民政府认真贯彻落实“五纳入”① 的精神，拨出一定资金用于发展博物馆事业，帮助区县博物馆落实运行经费，使区县博物馆建设资金得到有效保障。

各区县人民政府及其文委是区县博物馆的直接主管单位，应加强对博物馆的规划和管理，推动区县博物馆的建设和发展。首先，立足区（县）情，合理定位，突出地方特色，搞好本区县博物馆的总体发展规划，确保建好具有代表性的区县综合类博物馆。其次，支持民办博物馆发展，繁荣区县文化创意产业。许多拥有丰富文物藏品的收藏家，愿意将其藏品展示给社会，面临的最大困境就是缺乏场所。场所问题解决好，民办博物馆生存问题也就解决了一半。可尝试由政府统筹规划一块专门用于引导民办博物馆进驻的公共空间，形成博物馆聚落区，以无偿或低成本方式为收藏家的收藏展示提供场地或馆舍，为私人创办博物馆，举办收藏家展览等文化项目创造条件。通过多方面、多层次、多形式逐步增加博物馆的数量，逐步调整博物馆架构布局。再次，加强区县博物馆人财物和核心业务支撑体系的建设。人才已经成为区县博物馆发展的瓶颈。应当根据藏品数量和质量、陈列展览的数量与规模来定岗定编配备专业队伍，并将综合性博物馆的行政级别由科级提到副处级以上。要为区县博物馆提供文物征集和展览陈列专项经费，区县博物馆职工的人均工资收入水平应与本区县事业单位平均水平挂钩。应支持区县博物馆开展达标创建活动，积极申报国家二、三级博物馆。应建立明确的目标责任制，制定考核评估机制，激发区县博物馆的领导班子的积极性和创造性。

区县博物馆应当摒弃“等靠”思想，更新观念，突破思想束缚，主动出击，打破博物馆固有的运作模式，以事业单位改革为契机，引进竞争机制，配备文物保管征集、研究、设计、讲解等专业人员。在业务上，建议强化积累，夯实业务基础，提升区县博物馆的核心能力。馆藏文物的数量过少是区县博物馆的短板，应当变过去收藏为未来收藏，加强对出土文物和传世文物、近现代文物

① 《关于进一步做好文物保护“五纳入”的通知》（文物办发〔2003〕26 号）。

和地方民俗文物的征集。另外，区县博物馆一般没有专业文物库房，所以应当积极争取上级支持，千方百计建设合格的藏品库房，夯实博物馆发展的物质基础。在学术研究上，在研究人员缺乏的情况下，应当循序渐进逐步提高研究水平。在当前情况下，应当通过开展地方文化及文史研究的学术活动，整合本地区和北京市乃至全国的研究资源来弥补自身的不足。在陈列展览上，应当积极争取地方政府的支持，承办影响地方社会经济发展的大中型交流展示活动，并通过招揽、引进、合作举办专题展览和文化活动。作为离社区居民、乡村农民和青少年最近的区县博物馆，应发挥自身优势，确立开展基层文化服务工作的三个重点，即乡土教育，农村、学校教育，社区教育，使区县博物馆不仅成为本地区历史文化的保护与传承者，而且成为社区文化建设主力军，农村文化生活的使者，让农村享受到国家的文化惠民政策，享受到和城里一样的文化服务。

参考文献

［1］朱秀华：《县级博物馆发展途径分析》，《大众文艺》2014 年第 11 期。

［2］邢致远：《江苏县级博物馆体系规划刍议》，《东南文化》2012 年第 2 期。

［3］李盛勇：《基层博物馆管理现状及发展对策研究》，《企业导报》2013 年第 1 期。

［4］黄光清：《关于进一步加强县级博物馆专业人才培养的思考》，《魅力中国》2011 年第 5 期。

［5］陈峻：《对地市级博物馆建设与发展的再思考》，《博物馆研究》2010 年第 4 期。

［6］赵军：《浅谈县级博物馆现状和发展方向》，《才智》2009 年第 23 期。

［7］鲁杰：《民俗文物在地方中小博物馆发展中的作用》，《中国文物报》2007 年 10 月 17 日。

［8］王文珍：《重视和发挥地市博物馆在文博事业中的区域中心作用》，《南方论刊》2006 年第 11 期。

［9］苏东海：《博物馆的沉思》，文物出版社 2006 年版。

［10］马希桂、董纪平：《回顾与展望：中国博物馆发展百年——2005 年中国博物馆学会学术研讨会文集》，紫禁城出版社 2005 年版。

提高博物馆讲解员信息传达效率的方式研究

——以青少年观众为例

王路平*

博物馆是一个国家和地区的名片，展览是一个地区文化的精华浓缩，一个民族奋斗的光辉历程。一部展览需要文物、图片和文字的支撑，观众会看到珍贵的文物被放置在精美的展柜中，会看到展品的名称、年代、出土以及形状等，然而展品背后的故事以及更深层的文化价值，知道的人却很少。讲解员的工作就是把观众看不到的、蕴含在展品之中的文化意义告诉观众，揭示展品的价值、展览的意义，让观众获取更多更广的知识，感受展览的文化气息，在离开博物馆后，仍旧能回味展览带给自己的美好记忆。从这个层面而言，讲解员是博物馆的传声筒，是沟通展览和观众的桥梁，一部展览因为讲解员的精彩讲解会增色不少。

然而，随着社会的发展和博物馆理论研究的进步，以往赋予讲解员单向传递的“教”的职能，已经不能满足观众参观要求，西方有的博物馆学者认为：博物馆教育的目的并不在“教”，而在帮助观众“学”。有的学者更主张应该用交流（communication）一词代替教育，认为“交流”更能反映现代博物馆教育活动的实质。① 实际上这种论断已经引起博物馆界的重视，近年来不少博物馆在讲解员培训中已经增加了调动观众参与的讲解技巧，并且有意识地在讲解过程中利用提问互动等方式，调动观众的积极性，希望能实现讲解员和观众之间的

---

* ［作者简介］王路平，北京民俗博物馆社教部助理馆员。

① 王宏钧：《中国博物馆学基础》，上海古籍出版社 2011 年版，第 335 页。

"交流"。加之，现在的博物馆展陈手段丰富，科学技术含量越来越多，展品陈列传递给观众的知识信息量越来越大，对讲解员的要求也越来越高，他们不仅要能熟练地背诵讲解词，流利地用普通话为观众讲解，而且要为一个展览做功课，比如一个瓷器展的讲解员，应该翻看《中国瓷器发展史》，能说清楚从陶器到瓷器的发展过程，各个朝代有代表性的瓷器的特点，还要了解制瓷的过程，等等。在讲解员培训中我们常说的"要给观众一杯水，自己必须有一盆水"，就是这个意思。

一名合格的讲解员除了要有扎实的文化素质，还要掌握语言运用技巧。能够运用准确、科学的语言讲解是初级要求，在此基础上还要注意语音的抑扬顿挫，讲解语调最忌"波澜不惊"，要讲究语速适中，注意重音和语调高低错落的配合，这样才能抓住观众，不致使观众"走神"。光这些要求还不够，讲解员还要修饰自己的仪表，保持优雅的仪态；懂一些心理学，能通过观察观众的眼神和表情，得知他们对讲解是喜爱还是厌烦，如果观众厌倦了或是没有耐心，还要变换讲解方式调动观众的参与性；要具有组织和带动观众的能力，使他们尽量不掉队，跟着自己的思路走；等等。要全部达到这些要求，其实并不容易，正因为讲解员是博物馆人员构成队伍中的最前沿，直接与观众接触，因此许多博物馆有关讲解员的理论研究都十分重视讲解员自身素质的发展层面。很多研究学者都从讲解员队伍的构成，讲解词的撰写，讲解的语言技巧，讲解员的专业知识、艺术修养，讲解员专家化路线，因人施讲等方面研究论述如何提高讲解员向观众传达信息的效率。

尽管如此，笔者在实际工作中发现，尽管按照要求，将讲解员前期的各项培训工作做到位，然而在接待团体观众尤其是青少年观众的时候，他们中的一些人依然在听讲解的过程中"脱离队伍"、"心不在焉"，笔者认为北京市甚至全国很多博物馆可能都是像我馆一样，没有科技馆那样可以让青少年动手参与的体验，也没有能立即吸引孩子们眼球的科学仪器，我们更多的只是静态的展览展示，别说是一个好奇心十足的孩子，就是成年观众在听讲解很久之后恐怕也会"走神"。因此，笔者认为既然讲解工作是双向的，我们只重视提高讲解员素质是不够的，观众也是我们应该考虑的对象，调动他们听讲解的积极性，必然能够在很大程度上提高讲解员信息传达的效率。笔者在实际工作中，以青少年观众群体为对象，根据他们的特点，探索出一些有助于提高博物馆讲解员信息传达效率的方式。

一　让青少年观众有目的性地听讲解

博物馆是面向全社会的公益性文化机构，蕴含着丰富的文化资源。为了充分利用博物馆、少年宫、体育馆、科技馆以及名人故居等社会资源对青少年开展校外教育，作为扩大教育资源供给的创新模式，2008 年 8 月，北京市颁布了《北京市中小学生社会大课堂建设方案》，确定由北京市教委牵头，联系北京市文化局、北京市财政局等 12 个单位组成联席会议，共同推进社会大课堂建设。各单位以“合力建设、成果共享、服务学生”为原则，整合北京丰富的人文景观、爱国主义教育基地等社会单位，免费或优惠提供场所和合适的教育内容，供全市中小学生开展校外活动、进行社会实践。该方案从 2014 年开始要求所有中小学要把学生走进社会大课堂实践学习列入课时计划，时间不少于全部学时的 10%。为了完成课时计划，很多中小学校会挑选平日上课时间中一天的半天，将整个下午四节课全部用于开展学生综合实践课。到我馆参观的青少年学生团体从 2014 年开始迅速增长，平均一次学校预约参观就有 200 人次左右，这么多的学生观众考验着我馆的接待工作，我馆的规定是一个讲解员最多带领三十个学生参观，一共有五名讲解员，就算讲解员都进入展厅讲解，还是无法满足同学们的参观要求。为了应对这种状况，只好临时改为 40 人一组听讲解。这样一来，人数超过最佳接待量，肯定会影响学生的参观效果，讲解员讲解的信息也不能有效地传达给每一个人。结果是学校为了完成任务，将学生带到博物馆，讲解员辛辛苦苦地讲解接待，同学们却是“闹哄哄”地听讲解，看一圈，玩一圈就走了，究竟他们在博物馆里获得了多少知识，无从谈起。

笔者和其他博物馆的朋友谈及此事，才得知这种现象并非我馆一家，而是普遍存在。针对这种情况，笔者让青少年带着目标听讲解，结果讲解员讲解的信息传递给他们的效率得到很大提高，具体做法是这样的。鉴于我馆是馆庙结合的模式（东岳庙古建群区域和北京民俗博物馆展厅区域），根据我馆的特点，我们会设计一个“古庙探寻”活动，让同学们“有目的”地听讲解。在得知学生团队预约参观信息之后，我们根据参观人数提前准备庙区几处参观景点的图片，学生到馆分好组后，由讲解员将这些图片发给他们（每人一张或几人一张，根据情况可灵活调整），并告诉他们这些图片上的景点都在庙区里，他们的任务是在跟随讲解员参观的过程中，找到图片上的景点，并记住景点的名字，如果能讲一讲这个景点的历史或者典故就更好了，我们会有小礼品送给大家。这是一个让青少年观众带着目标听讲解的方式，这项方式的引入，在一定程度上调动了青少年观众参观的主动性和积极性，他们会为了寻找自己手中图片的景点，认真跟随讲解员听讲解，在很大程度上降低了参观的散漫性和盲目性。这种带着任务听讲解的方式，还会让他们有成就感，找到景点的同学都像找到宝藏一样开心。热心的同学还会帮助朋友一起找，这也增强了同学之间的团结协作精神。

这种让青少年带着目标参观的方式，让青少年观众变被动为主动，在一定程度上集中参观注意力，既得到了讲解员传达的信息，还记住了至少一个有代表性的参观景点，这种方式会让所有参观博物馆的青少年有所收获，不虚此行。我们跟踪调查的结果显示，此项举措对于提高讲解员信息传达的效率有很大促进作用，有一些听讲解认真的同学，甚至可以把庙区景点的典故简单地复述出来，这种讲解效果就非常出乎我们的意料了。由此可见，青少年观众身上蕴含着巨大的潜力，以往单一讲解的方式，忽视了他们的能力。调动他们的积极性和主动性之后，埋藏在他们身上的潜力被激发出来，而我们的讲解员的工作也更有成就感。这种双向利好的方式，我们不妨在工作中多多尝试，这对于促进讲解工作是大有裨益的。

二　利用游戏和比赛的方式带动讲解

游戏是孩子们的天性，低年级的青少年观众特点是活泼好动，注意力时间短，自制力较差，他们的注意力最长只能坚持10—15分钟，大脑就会出现阶段性疲劳。对小学生施讲要考虑到他们的年龄特点。笔者建议用游戏和比赛的方式为他们提供讲解服务。以我馆接待小学生观众为例，我馆每到二月二、清明节、端午节、中秋节和重阳节等中国传统佳节都会有关于节日文化习俗的临展，以往小学生到我馆参观关于节日的展览主要是看着展板和展品听讲解员讲解关于节日的文化习俗，我们发现有些同学心不在焉，不是很感兴趣的样子。对于这种情况，笔者设计了一种将讲解和游戏融于一体的方式。

讲解员事先要准备一些和展览内容相关的问答题目，比如，清明节的习俗有哪些？请说出两个；端午节的时候家长为什么要在孩子头上画王老虎？中秋节是阴历的哪一天？……诸如此类的题目可以设计出很多。接下来，活动正式开始。首先找一个空间，让孩子们坐下，讲解员告诉同学们现在要玩一个关于民俗知识竞答的游戏，回答问题的同学在讲解员说完题目之后可以举手回答。根据我们的经验来看，一些题目孩子们根据生活常识是完全可以准确回答出来的。有一些他们回答不上来，比如，端午节为什么要喝雄黄酒？尽管如此，他们还是会开动脑筋积极思考，加之讲解员给予引导，他们说出的答案也是很不错的。当一个题目问答环节完成后，讲解员就用生动的语言向同学们介绍一下这个题目中所涉及的民俗文化知识。例如，讲解员问同学们："谁知道清明节的历史由来？请举手回答。"这个问题有的同学略知一二，有的同学不知道。等同学们发言结束，讲解员会告诉同学们清明节和寒食节的关系，并给同学们讲一个关于春秋五霸之一的晋文公和介子推的感人故事。这样同学们轻轻松松地在游戏中知道了清明节的来历，而且印象深刻。

以竞答题目为"珠"，以民俗知识为"线"，将整个活动串联起来。整个活动在愉快的氛围中展开，最终同学们收获了快乐的同时了解了关于传统节日的民俗知识。等活动结束，再带领同学们去看展览，更加深了他们的印象。

有研究表明情绪记忆具有强烈、持久的特点，在记忆中具有优势地位。该理论告诉我们，记忆往往是伴随着情绪的，愉快的情绪会使记忆更深刻。① 这种利用游戏和比赛的方式给青少年施讲的方式可谓事半功倍。这种嫁接游戏的讲解可以有很多种，可以根据自己场馆的情况加以设计，简单易行，深受小学生观众的欢迎。在游戏、比赛中，学生注意力往往高度集中，兴趣极高，接受知识轻松，处于主动学习状态。讲解还是那些内容，只是换了一种形式，就会受到同学们的欢迎和喜爱，而讲解员讲解信息传达的效率也会有很大提高。

三　在参与互动体验中有针对性地讲解

现在很多博物馆都策划了让青少年动手体验的项目，我馆也不例外。正如曾凡林教授所言："DIY 充当了布鲁诺'脚手架理论'中'脚手架'的作用。'脚手架理论'认为，最能让孩子受益的学习，是由他们自己摸索操作；如果说知识由浅而深呈阶梯状，孩子们可不喜欢你把他们抱上一个个台阶，而希望你引领他们自己迈步上一个个台阶，或为他们提供一根拐杖。"② 在博物馆众多的社教活动中，动手体验是最受青少年喜爱的一种方式。我馆在开设互动体验的同时，会抓住时机对青少年观众施讲。例如，他们在体验做兔爷儿手工的时候，讲解员会向同学们介绍一些关于兔爷儿的知识，讲一个关于兔爷儿由来的传说故事，再说说兔爷儿在中秋节由一位高高在上的"神仙"演变成孩子手里的"玩具"的过程。这样，同学们在动手画兔爷儿的过程中就不单单是在泥胎上绘画，而是有一种感情在里面，更多了几分喜爱。同学们每每看到自己绘制的兔爷儿，就会回想起讲解员老师讲给他们关于兔爷儿的传说故事。又或者我们举

---

① 王海宝：《情绪记忆特异性认知神经机制》，博士学位论文，中国科学技术大学，2009 年。

② 范昕、包慧烨：《搭"脚手架"帮孩子"自己上"》，《文汇报》2011 年 8 月 19 日第 1 版。

办了一场编织手工艺体验，在教同学们编织五彩缯的同时，我们给同学们讲解关于五彩缯的文化，为何要在端午节佩戴五彩缯，佩戴五彩缯有何意义等。通过这种有针对性的讲解，一场动手、动脑的 DIY 活动就丰富立体起来。这样不也是一种传承传统文化很好的方式吗？

四　结语

讲解需要“因人施讲”，根据每个人的年龄、兴趣、爱好、文化程度等综合考虑，对于我们的青少年观众更应该用心。他们是国家的希望和未来，博物馆中蕴藏的博大精深的民族文化需要他们去传承，培养他们参观博物馆的良好习惯，让他们热爱博物馆，将博物馆当作终生学习的地方，让全社会的公共文化资源都调动起来为青少年所用，讲解员在其中发挥很大的作用。作为博物馆工作者，我们应该结合实际工作和青少年观众参观的特点，提高讲解员信息传达的效率，创新多种方式。万变不离其宗，让讲解员和观众之间的沟通变得轻松愉快，提高讲解员信息传达的效率，让青少年在博物馆参观效率更高。

博物馆信息化现状初探

朱　羿*

随着社会科学和技术的不断发展，信息技术对社会的影响越来越大。作为信息传播中心之一的博物馆面临着信息系统的改革和创新，这种改革和创新将充分利用计算机技术和互联网开放式的优势，将博物馆信息以更高效和艺术的形式展现在人们面前，这种改革和创新可以打造出一种开放式的数字化博物馆信息系统。博物馆信息系统主要在“信息化”方面对传统的博物馆系统进行改进，通过“信息化”以提高博物馆的日常工作效率，实现博物馆企业化的管理思想，满足日益增长的游客的需要，实现跨时间和跨地域的虚拟游览，增强博物馆的边际效应，通过利用互联网开放平台的优势加强博物馆在新媒体上的推广宣传。信息化以其自身强大的管理功能被越来越多的博物馆应用，并为各个博物馆的管理运营提供了强有力的支持。

我国博物馆信息化发展始于20世纪90年代，借由电子信息技术的飞速发展，国内相关组织和人员开始对博物馆的信息化建设展开探索。中国博物馆学会在2003年成立了数字化专业委员会，国家文物局也已经将数字博物馆的研究正式立项。①

*［作者简介］朱羿，北京民俗博物馆助理馆员。

① 周志鹏：《基于网络的虚拟服饰博物馆设计研究》，硕士学位论文，东华大学，2006年。

一　博物馆信息化发展现状

目前，我国在信息应用软件的开发和单体信息系统设施建设方面已取得一定的研究成果，但是在数据联网、一体化标准等方面与世界先进水平相比仍存在着较大差距。到目前为止，我国的博物馆信息化主要实施的是已有博物馆的信息化系统建设工作，焦点在于如何利用计算机技术对各类文物信息进行处理和归集。我国博物馆信息化的发展一般从建设网站入手，进而将各项工作全面铺开。故宫博物院的数字故宫、敦煌研究院的数字敦煌以及上海博物馆信息化工程等是目前国内比较有影响力的项目。①

博物馆的工作大体来说就是如何对收藏的文物所蕴含的信息进行采集、开发、整理和共享。而现代化的信息技术飞速发展，如将其应用到博物馆的工作当中，将大大降低达到这一目的的难度。同时，要使博物馆更好地融入社会发展当中，信息化工作也是一个尤为重要的切入点，信息化平台将助力使博物馆的工作上升到一个新的阶段。

我国博物馆行业经过二十多年的发展，馆际之间的信息化发展水平表现出明显的差距和不均衡性。一方面，大型博物馆长期追踪信息技术的发展，积极学习、引进行业内外先进的技术手段和理念，信息化发展水平较高，一些技术的开发水平或引进速度在国际博物馆界也是名列前茅。而另一方面，比起全国2000余座传统博物馆、1600万件品别各异的文物收藏、几十万处的文物保护单位，通过先进的信息化手段得以展示的文物仍属少数，大量的文物信息尚未实现数字化管理，相关单位亟须向数字化管理方式转型。②

目前的博物馆信息化建设主要分为以下几个方面，见表1。

表1　　博物馆信息化系统主要功能子系统

子系统名称	主要功能
博物馆网站子系统	博物馆的网站是面向社会公众介绍藏品、传播知识、进行交流的窗口。它没有时间和地域的约束，观众能够通过网站详细了解博物馆的馆藏、陈列、宣传、学术研究和博物馆动态等情况，是博物馆发挥公益职能、服务社会大众的新途径。

① 吴琼：《基于本体的不可移动文物数字博物馆模型研究与设计》，硕士学位论文，北京交通大学，2007年。

② 魏佳、徐青青：《数字博物馆发展瓶颈解析》，《广西轻工业》2011年第12期，第117—118页。

续表

子系统名称	主要功能
博物馆网站子系统	网站建设必须在博物馆统一领导下制定规划网站所设的栏目和所要发布和展示的信息的种类、内容，另外还须组织和吸收博物馆擅长美工、熟悉文物与博物馆工作、懂计算机知识的人员共同参与，具体分工。许多博物馆在现阶段并不完全具备网站建设所需的软硬件设施和有关的专业人才，因此可与搞网站规划设计的公司合作、作为博物馆方只需进行内容的准备和栏目的规划，而剩下的网页制作、域名申请、网站发布等工作可交与设计公司负责，待网站建成后，由设计公司对博物馆指定的工作人员进行必要的网站维护的培训并建立长期的技术支持关系。
博物馆信息网络平台子系统	博物馆信息网络平台建设包括内部网络平台建设与互联网接入两大部分。 1. 内部网络平台是指博物馆局域网的软硬件环境。局域网是以交换机和服务器等为中心，并连接博物馆内部各信息点的网络系统，局域网建设是博物馆信息化建设的基础所在。 2. 互联网是博物馆与外界进行信息交流的桥梁。这是实现博物馆信息化的根本保证。这样，工作人员可经常从互联网上进行相关信息的采集以充实博物馆的信息化资源库。
博物馆藏品数据库子系统	对于博物馆而言，藏品是其赖以生存和发展的基础。如何建立一个规范、有序、标准的藏品信息数据库，应该成为博物馆信息化建设的首要任务，也是博物馆信息化建设的核心和关键所在。藏品数据库的首要作用是替代传统的藏品卡片式管理，大大提高藏品管理工作的质量与效率。博物馆藏品是一种有形的文化载体，具有特殊的社会功能和意义。藏品数据库应确保文物信息真实、准确、完整，充分实现建立藏品数据库的价值和意义。保证数据信息完整、准确。充分借助现代的技术方式和手段，比如采用全息数码技术，实现图像信息三维立体影像存储等。
博物馆办公自动化（OA）系统建设子系统	办公自动化（OA）系统以网络化协同办公满足博物馆不同层次的管理者和工作人员高效率处理日常事务的需要，提供日程安排、公文发送、个人办公、邮件服务、议题讨论、决策支持、管理监督等功能，有效地协助博物馆完成各项任务。
博物馆展示信息系统子系统	可以开发多媒体导览系统，采用移动导览设备、数字投影、多媒体触摸屏等简捷、方便的方式，向现场观众展示信息。
库房智能化子系统	该系统对文物藏品所在环境进行自动监控，并实现防盗报警和防火自动监测。
安防子系统	包含视频监控、自动控制、火灾报警及入侵检测等功能。博物馆安全保卫中可广泛运用先进的防护技术，当盗警和火警发生时，系统会按预案自动开启疏散通道，关闭防火卷帘门，开启周边的灯光，视频监控自动锁定录像资料，记录现场状况并通知保卫人员。

二　行业内发展现状对比

我国目前的博物馆按所有权性质可分为公有（国营）和私有（民办），按其行政级别大概可分为国家级、市级、区县级、街乡级、村级等，不同级别、不同种类的博物馆因其所处的地位、所拥有的权限、所享受的政策以及财力支持不同，因而其信息化发展的状况也不同。本文仅以国家博物馆、北京市天文馆、高碑店村史博物馆这三个不同级别的博物馆为例，主要从其网站建设入手，分析其信息化建设水平，管窥目前博物馆行业内信息化发展的现状。

（一）国家博物馆信息化发展现状

国家博物馆的前身是中国历史博物馆，在国内的博物馆行业中，国家博物馆无论是馆藏文物数量、展览理念还是管理手段、人员素质，其水平皆处于国内博物馆的领先位置，堪称国内博物馆的领头羊。

国家博物馆作为国内首屈一指的行业龙头，很早就开始了信息化建设的脚步，目前粗具规模并形成体系，部分做法更是成为行业标杆，引领其他博物馆的发展。国家博物馆以建馆百年为新起点，全面实施信息化，通过需求调研、问卷调查等手段，梳理工作流程，归纳识别了应用，作为国家博物馆的信息化基础架构。

因为起步较早，国家博物馆的信息化建设已经有了一个很明确的信息化发展构架，对于自身的信息系统应用定位也有了很明确的分析。在信息化方面，国家博物馆的理念远远领先于其他博物馆。

不可否认的是，由于国家博物馆在国内的地位及影响力，无论是政府的政策扶持还是资金投入，均高出一般博物馆，这是不争的事实。因此，国家博物馆也早已实现了内部网络办公，通过不同的功能模块满足不同的办公需求。但是需要指出的是，如此高规格的地位和投入，反而容易造成大而不当、功能繁多复杂的情况，直接导致用户使用的满意度下降。以该馆的官网为例，如图 1 所示，左侧为国家博物馆的中文版官方网站，整个界面足足有三页之长，数十个栏目整齐地列在首页上，分三栏设置。一眼看上去让人无从下手去点击，密密麻麻的文字信息蜂拥而至，不知到底该着眼于何处。但是不知是有意为之还是纯属巧合，国家博物馆的英文网站设计得相当简洁大方，主页上除了必要的文字说明外，图片居多，所有具体的信息都隐藏在各个栏目下，层次分明，也让人有进一步浏览该网站的兴趣。

图 1　国家博物馆中英文主页对比图

（二）北京民俗博物馆信息化发展现状

北京民俗博物馆坐落在繁华的朝阳门外大街 141 号东岳庙内，是北京市唯一一座国办民俗类专题博物馆。北京民俗博物馆是依托古建筑群开办的博物馆，从电气布设方面来看，因为是文物保护单位，古建筑又都是木质结构，防火要求很高，不能随便布设电线，因此展厅与庙区的综合布线、供电成为很大的问题，信息化硬件方面的建设较为落后。

作为一个依托全国重点文物保护单位的区级博物馆，北京民俗博物馆信息化发展进程中利弊共存，根据自身实际情况，分步骤、有层次地逐步推进信息化建设，从 2004 年就建立了自己的博物馆网站，除了对场馆的介绍、普及一些通俗的民俗知识以外，主要是承担一个信息发布平台的作用。由专人在网站上发布博物馆动态信息，观众可以浏览馆方发布的信息，属于典型的“推”式服务模式，主要是服务于上级检查工作的信息汇报，信息量有限，就算访问到网站，也只能是被动地接受信息。

2013 年，北京民俗博物馆对官方网站进行了彻底改版，除发布资讯信息、介绍博物馆情况及服务指南等情况外，重点增加了畅游博物馆（在线 3D 实景游览）、馆藏精品展示、各种活动报名登记注册等功能，如图 2 所示。更在后台预留了接口，后期可以以官网主页为依托，扩展至内网的办公自动化网络，开放相应的用户权限，使得各个部门负责固定板块内容的更新工作。

图 2　北京民俗博物馆网站首页

（三）高碑店村史博物馆信息化发展现状

高碑店村史博物馆位于北京市高碑店地区，展厅设在社区办公楼的地下一层，占地近 600 平方米，主要展示高碑店村的发展进程。村史馆的展览按照发展时间进行布局，主要分为“漕运时期”、“解放后”和“新村建设”三大展区，以 200 多件实物藏品和历史老场景复原，重现了高碑店村的风韵，回顾了该村的发展历史。

村史博物馆是高碑店村自筹经费创办，主要展示高碑店村的历史发展，每年的展览内容基本变化不大。馆内不仅藏品数量较少，而且展览形式过于单一，因而参观人数也不多。展览形式主要以实物展示、文字图片展板、场景还原再现等方式为主，如图 3 所示。因此该博物馆的信息化需求程度较低，仅建设了办公区域的网络系统，满足工作人员的基本办公上网需求。由于其对信息化投入的意愿也不高，至今仍未建立自己独立的官方网站，这进一步导致其受众面变窄。即使有观众从其他渠道获知该博物馆的名称、位置等，对其产生了参观意愿，但是苦于无法获得来自其官方的更加详细的消息，因此，来馆参观的热情大大降低，这在潜意识中也造成了观众参观的障碍，不仅影响观众来馆参观，同时也失去了对观众传输知识的机会。

图 3　高碑店村史博物馆展览实景图

三　结论

通过以上分析可以看出目前我国的博物馆信息化发展相当不均衡，像国家级的博物馆，比如国家博物馆，因其层级较高、财力人力充实，所以信息化水平也高。有些市级博物馆因为有市级财政的大力支持，所以在人才引进、资金投入、科研开发上有充足保障，信息化工作也颇有成效。反观其他区县级或村级的博物馆，比如高碑店村史博物馆，尽管高碑店地处中央商务区东端，这几年又乘传统文化热的东风在古典家具、传统文化等方面，无论是商业开发还是文化传承都颇有心得，在北京甚至全国亦小有名气，但高碑店村所办的村级博物馆终归因其层级太低，受关注程度不够，所拥有的权限有限，再加上博物馆成立的初衷只是作为村史记忆，而没有认识到博物馆所蕴含的传统文化、所形成的经济效益，因此对信息化博物馆的重视也不够，所以村史博物馆成立至今，依然连自己独立的官方网站都没建成，建设信息化博物馆就更无从提起了。更严重的是，高碑店村史博物馆并不是个例，一大批甚至可以说绝大多数区县级博物馆都因为受重视程度不够、人力物力不足等限制，信息化工作步履维艰，能真正开展起来的寥寥无几。由此可见，博物馆层级越高，受重视程度、受政策支持、受资金鼓励、受人才贡献、受社会青睐就越大，同理，其信息化程度就越高。反之，层级越低，其获得的各方面帮助、扶持就越少，信息化程度也就越低。

总之，博物馆信息化还有很长的路要走，博物馆信息化的工作也不会一蹴而就，更不可按同一标准对全部博物馆进行测评。在现有条件下，既要重点培育、扶持像国家博物馆这样的行业龙头率先实现信息化，也要在政策制定、资金扶持、信息化人才引导方面对一些区县级甚至村级的博物馆进行倾斜，引导、带动低层次博物馆转变观念、引起重视、紧跟形势，在信息化道路上不断探索、积极进取。

春节习俗的源流与思考*

孙翠萍**

春节，是我国最重要的传统节日，它凝结着我们的民族精神和民族情感，是维系民族团结和社会和谐的重要纽带。追溯其发展历史，它是农业文明的缩影，观其表现形式，它是礼的体现，蕴含着丰富的历史文化内涵。随着时代的发展、文明的演进，现在的春节已不似以往那般受到重视，即年味儿变淡。丰富多彩的现代元素虽赋予了春节些许新的内容，却也冲淡了传统春节背后蕴含的我国传统文化的许多优秀基因。如何在现代文明的演进中传承春节习俗，并将它融合到现代和谐社会的建设进程中，是我们需要思考的问题。

一 “春节”习俗的由来

春节，是夏历的一岁之首，即新年，俗称过年。其实，“春节”一词原本并不指新年，在南北朝以前，它指的是立春这一节气及其风俗活动。只是节气本身与农业息息相关，二十四节气就是划定农耕周期的依据，“‘节’正是对岁时的分节，把岁时的渐变分成像竹节一样的间距，把两节气相交接之日时定为交

* 山东省社科规划项目“儒学对中韩大学的影响比较研究”（09DZZZ02），山东省研究生教育创新计划项目“研究生‘非学术性’课程体系研究”（SDYY12055），孔子与山东文化强省战略协同创新中心的阶段性成果。

**［作者简介］孙翠萍，曲阜师范大学历史文化学院2014级研究生。

节，由此转意为节日”①。立春至，预示着世间万物逐渐由冬季的肃杀转变为春季的生机盎然，人们也对未来生活充满希望，所谓“一年之计在于春”。为庆贺这一节气，产生了一系列的风俗活动，立春遂成为农业社会的一个重要节日。《礼记·月令》中有记：“立春之日，天子亲帅三公九卿诸侯大夫以迎春于东郊。”显示了对农事的重视。由于新年与立春时间相近，也是迎接春天与新的一年的重要节日，所以两大节日合二为一，称为“春节”，即“春节”一词在古代包含了立春与新年两大节日。

春节在古代还有许多别称，如“元日”、“三朝”、“正月”、“上日”、“正旦”、“朔日”、“元旦”、“开年”、“开岁”等。先秦时多称“元日”，到西汉时则有“三朝”、“正月”、“正旦”的说法，自魏晋南北朝始称“元旦”，沿用至今，影响较大。“元”的意思是开始，“旦”在《说文解字》中的解释是：“从日见一上；一，地也”，即太阳从地平线上升起，表示清晨。将春节称为“元旦”，是指它是新年第一天清晨的意思。而“春节”一词被官方正式使用则是中华民国建立后，决定使用公元纪年，将农历正月初一称为“春节”，公历的一月一日为“新年”。中华人民共和国成立后，又将公历的一月一日称为“元旦”，将农历正月初一称作“春节”。其实春节并不仅仅指正月初一这一天，它具体指的是从腊八到元宵这一时间段。

春节又称过年。关于过年，民间有一则有趣的传说：很久以前，有一种叫“年”的怪兽，长相凶猛，力大无穷，每到除夕，它就会闯入村庄猎食牲畜、害人性命，百姓惶恐不安。后来人们发现“年”怕三样东西，即红色、火光和响声。于是，到除夕这天，人们就在自家门前挂上红色的桃木板，在院子里点起火堆，并将竹子扔进火里使其发出噼里啪啦的声音，然后关门等待年兽，夜里年兽果然来了，只是在红光、火光和震天的声响之下被吓跑了。第二日，人们纷纷走上街头，互相贺喜，甚至摆酒设宴，庆祝胜利。之后每到除夕，人们都会贴春联、点爆竹、守岁，第二日清晨互相拜年，世代相传下来便形成了过年的习俗。这个传说虽有些荒诞，却也为过年习俗的形成提供了解释，其中也有祛除邪秽、辞旧迎新的意味，包含着人们对新的一年美好生活的期望。

其实，“年”字的由来也与农业生产有关。甲骨文的“年”字，上“禾”下“人”，是一个人背负着成熟的禾的形象，表示收成。《谷梁传·桓公三年》记载：“五谷皆熟为有年也。”《谷梁传·宣公十六年》说：“五谷大熟为大有年。”这里的年指的都是庄稼的收成情况。许慎《说文解字》中对年的解释也是

① 乌丙安：《中国民俗学》，辽宁大学出版社 1985 年版，第 292—293 页。

“谷熟也”。《尔雅》中的记载是：“夏曰岁。商曰祀。周曰年。”“此时，‘年’指的是谷物生长的周期，一年分为四季，是根据农作物的生、长、收、藏的循环规律而定型。谷物一年一熟，年节一年一次。”① 当作物成熟、丰收之后，人们会举行欢庆活动，祭祀神灵、祖先。这种一年一度的欢庆活动，沿袭下来也就逐渐形成了过年的习俗。也就是说，春节与农业生产息息相关，是农业文明的产物。我国历来重农，在先秦时期就意识到国之大事在于农。人们在农耕的实践中认识到要想收成好，就必须掌握天象，于是人们开始观象授时，即顺应气候变化合理安排农时，二十四节气应运而生，作为判定农耕周期的依据。而春节处于冬春之间，正值农闲之际，又逢新的一年到来之时，在此时开展盛大的庆贺活动最为合适。“人们在新的一年到来之际，合家团聚、拜年庆贺、舞龙观灯，尽情欢庆新春的到来；还要祭奠先祖、尽孝寻根、踏青赏春、娱乐健身，在慎终追远中享受新春的赐福，准备以饱满的热情投入农耕播种。”②

春节不仅是农业文明的缩影，也是人文精神的体现，蕴含着丰富的历史文化内涵。在其一系列的庆贺活动中，祭神敬祖是其重要内容。之所以祭祀鬼神，是因为先民对大自然充满畏惧，还没有认识到自己在大自然中的主体地位。“殷人的上帝是自然和人类共同的主宰，人和自然界的其他万物一样，没有自己独立的主体意识，神鬼成了一切价值的源泉，而浓厚的鬼神崇拜说明殷人价值主体性的严重缺失，崇拜祭祀鬼神成为人实现价值目标的唯一途径。”③ 如祭祀天神、土地神、井神、河神，等等，感谢大自然对人类的馈赠，并祈求来年风调雨顺、五谷丰登。祭祀鬼神可以说是人与自然的一种沟通方式，是人在对自然的敬畏中追求与自然和谐相处的体现。

春节祭祀的另一重要环节是祭祀祖先。殷人十分崇拜鬼神，他们将鬼神分成天神、地祇和人鬼三个种类，人鬼指的就是祖先。他们认为祖先虽死，但灵魂犹在，可以降福祸于子孙，于是他们虔诚地祭祀祖先，以求祖先庇佑。殷人的上帝是族祖一元神，对祖先的崇拜是其精神生活的重要组成部分。与殷相比，周人的上帝则是族祖神与上帝神分立的二元神。原因是周人为说明取代殷人统治的合理性，提出了“德”的概念，因为殷人不敬其德，所以上帝让其灭亡，而周明德慎刑，敬天保民，受到上帝宠爱，于是以周代殷名正言顺。西周在以“德”的思想补充先前的天命观的同时，也继承了殷人对祖先的崇拜，后又产生

① 张士闪：《春节：中华民族神圣传统的生活叙事》，《河南社会科学》2010 年第 1 期，第 40 页。
② 王文章：《弘扬传统节日文化现状与对策》，文化艺术出版社 2012 年版，第 37 页。
③ 王曰美：《殷周之际德治思想构建的主体性探析》，《道德与文明》2014 年第 1 期。

了“孝”的思想，所以西周的天命观可以说是以德配天、以孝祭祖。此后祭祖的传统一直延续至今。祭祖有着慎终追远的意义，在对祖先表达敬意与怀念之时，祈求祖先保佑，望子孙繁昌，是一件严肃、隆重的事情，须予以重视、认真对待。《论语·八佾》云：“祭如在，祭神如神在。子曰：‘吾不与祭，如不祭。’”意思是说，孔子祭祀祖先的时候，就好像祖先真在那里；祭神的时候，就好像神真在那里。孔子说：“我若是不能亲自参加祭祀，是不能请别人代替的。”这句话清楚地显示了孔子对于祭神祭祖的态度。

另外，一系列的春节庆贺活动也是礼的体现。礼，《说文解字》解释说：“礼，履也。所以事神致福也。”可见，“礼”最初的含义是指可行的祭神求福的活动。现在的礼涵括的范围大一些，指的是人们在社会生活中所应遵守的一些行为规范，大者表现为社会重大制度，小者表现为一些经过选择的习惯和仪式。礼，源于原始社会的巫术活动，殷周时期人们祭神敬祖的行为可看作礼的最初表现方式，礼正是在商周时期萌芽，主要得益于周公制礼作乐，发展至春秋时期定型。礼，也是儒家思想的重要内容。孔子身处礼崩乐坏的时代，好古的他不能忍受这种现象，极力宣扬礼的思想。他宣称：“周监于二代，郁郁乎文哉，吾从周。”（《论语·八佾》）他提倡学礼，“不学礼，无以立”（《论语·季氏》）。他还要求人们的行为要处处符合礼的规定，“非礼勿视，非礼勿听，非礼勿言，非礼勿动”（《论语·颜渊》）。孟子继承和发展了孔子的学说，他提出的“四端”说中的“辞让之心”指的便是礼。荀子则更是把礼的学说发扬光大，他“隆礼”的思想将礼的内容扩充到社会各个领域。他还引法入礼，礼法并重来弥补教化的不足，更符合统治者的需要。至西汉武帝罢黜百家、独尊儒术，儒家思想上升到统治地位，礼更多地表现为纲常伦理规定着人们的行为，影响了整个封建社会，甚至今天。应该说春节习俗之所以能传承至今，儒家礼的思想功不可没。“春节中祭祀祖先、依次拜贺，这些都是伦常孝悌思想观念的具体表现，将儒家思想注入到春节各种习俗中，增加和丰富了春节习俗仪式的文化内涵。”①

二　春节习俗及其变化

“爆竹声中一岁除，春风送暖入屠苏。千门万户曈曈日，总把新桃换旧符。”王安石的一首《元日》，轻松渲染出了欢庆热闹的春节景象，也提到了燃爆竹、挂桃符、喝屠苏酒等春节习俗。

① 李翠华：《先秦至唐宋时期春节习俗研究》，硕士学位论文，中山大学，2010 年。

春节习俗从“腊八”开始。腊八就是农历十二月初八，古时亦称“腊日”，人们常说“过了腊八就是年”。自这天起，人们就开始忙年，即置办年货，迎接新年的到来。追溯腊八的起源，它应该源于原始的“腊祭”。“腊”，《礼记·郊特牲》记：“腊也者，索也。岁十二月，合聚万物，而索飨之也。腊之祭也，主先啬而祭司啬也，祭百种，以报啬也。”汉应劭《风俗通》说：“腊者，猎也，因猎取兽祭先祖也。或曰腊接也，新故交接，狎猎大祭以报功也。”可以看出腊祭是用来祭神敬祖、祈求丰收的。关于腊八的来源还有一个影响较大的说法，与佛教相关，即佛成道节。是乔达摩·悉达多顿悟成佛的日子，也与粥有关，故他们也有吃腊八粥的习俗。

在历史的发展中，腊八节得以传承更多的是因为吃腊八粥的习俗，而不是祭祀仪式。吃腊八粥的习俗由来已久，追本溯源，除了佛教的解释外，没有其他确定的理由。大概是腊祭饮食中有粥吧。“先秦时代，我们祖先颇多粒食的传统，腊祭献礼时煮粥欢饮当是可能的。或许腊祭之后，参与者将多种献祭食品汇拢而食形成了腊八粥，从而分享祭祀神圣的力量和意味。”① 关于腊八粥的由来还有许多说法，如赤豆禳鬼说、五豆融入说等，在此不赘述。

腊八粥又称“五味粥”、“七宝粥”，最初只是用红小豆来煮，后来则加入许多其他东西。如《燕京岁时记》中记载：“腊八粥者，用黄米、白米、江米、小米、菱角米、栗子、红豇豆、去皮枣泥等，合水煮熟，外用染红桃仁、杏仁、瓜子、花生、榛穰、松子及白糖、红糖、琐琐葡萄，以作点染。”如今，人们的生活水平大大提高，可以煮各种各样的粥，腊八粥只是作为一种节日小吃存在了，而且很多地区连吃腊八粥的习俗都没有了，目前只有北京、东北、胶东、皖中、江浙地区和西北部分地区还保留着吃腊八粥的习俗。

腊八之后与春节相关的一个重要节日是祭灶日，即我们俗称的小年。有民谣曰：“腊月二十三，灶王爷要升天。”指的是这天要送灶神上天言事，亦称为“送灶”、“辞灶”。灶神有诸多称谓，如灶王爷、灶君菩萨、司命等。民间传说中的灶神有许多原型，如黄帝炎帝、祝融、苏吉利和张姓灶神。之所以要祭灶神，是因为人们认为灶神可能降祸于民。汉郑玄注《礼记·祭法》中说：“小神居人之间，司察小过，作谴告者尔。”《抱朴子·微旨》中说：“月晦之夜，灶神亦上天白人罪状。”于是，为讨好灶神防止其上天告状，人们在腊月二十三这天黄昏入夜之时用糖瓜祭祀他，目的是甜住他的嘴，使其不说坏话。有对联曰：“上天言好事，下界保平安。”祭祀时，一家人要跪在灶神前，家主一般会说希

① 张志春：《春节旧事》，河北大学出版社2009年版，第18页。

望五谷丰登、平安健康等祭祀语。今天人们基本都保留着过小年的传统，但仅有部分地区保留着自己做糖瓜祭灶神的传统。故绝大多数的人过小年祭灶神时多用买来的糖果，而且当日祭灶的仪式和祭祀语现今的年轻人大多不会，会做这些的多是农村地区的家中长辈，所以祭灶的仪式已大大简化了。辞灶之后，人们都要在家中进行大扫除，迎接新年，也称“扫年”。有民谣称：“腊月二十四，掸尘扫房子。”《梦粱录》中记载：“十二月尽……不论大小家，俱洒扫门闾，去尘秽，净庭户……以祈岁之安。”“扫年”的传统被很好地继承下来，以辞旧迎新。

自此之后直至除夕，人们便开始更为紧张地忙年。有则童谣生动地描述了这一情境：“二十五，做豆腐；二十六，蒸馒头；二十七，赶集上店买东西；二十八，把猪杀；二十九，做黄酒；三十，家家捏饺子。”主要是准备一些食物，当然不同地区、民族的食材不尽相同，各具特色。准备大量的过年食物这一习俗在农村地区传承得较好，在城市则演变得十分简单。

“荼垒安扉，灵馗挂户，神傩烈竹轰雷。动念流光，四序式周回，须知今岁今宵尽，似顿觉明年明日催。问今夕，是处迎春送腊。罗绮筵开。”这是宋代胡浩然词《送入我门来·除夕》的上阕，生动地描写了除夕到来的景象，提到了贴门神、放鞭炮等习俗。除夕又称“大年三十”、“大年夜”，是一年的最后一天，前已提到过与除夕习俗有关的年兽，过除夕的目的就是趋吉避凶、辞旧迎新。

除夕有许多习俗，如挂年画、贴春联、放鞭炮、祭祖、吃年夜饭、守岁，等等。年画是我国民间的一种绘画艺术。贴年画的传统很早就有，可追溯至尧舜时期。年画的最早形式是门画，即门神画。南北朝时神荼、郁垒为门神，到唐代秦叔宝、尉迟敬德被称为门神，民间还有把钟馗作为门神的说法。把这些威风凛凛的形象贴于门口为的就是祛疫辟邪保平安。后来的年画形式就丰富多了，形象也较为亲民。宋代有木版年画，明末清初出现的天津“杨柳青”、苏州“桃花坞”和山东潍县的年画，至今在年画界占有重要地位。如今，随着科学技术的进步，年画的形式更是丰富多彩，题材也更为广泛。

除夕那天还有一个重要的习俗，即家家户户都要贴春联。春联，也叫对联、门对，在古代有“桃符”、“门贴”的称呼。春联讲究对仗工整，在简洁的语句中表达美好的愿望。放鞭炮的历史也很久了。放鞭炮的目的也是驱鬼辟邪。今天的鞭炮多种多样，人们放鞭炮迎接新年，除了辟邪的意味，更多的是为春节增添一些热闹的气氛。关于祭祖，是在新年到来之前通过祭祀先祖，晚辈追溯先辈历史，表达追思之情并勉励自己。在北方农村地区，人们要在除夕黄昏上坟鸣鞭，请先祖回家过年，回到家则以供桌献饭，焚香祭祀，祈求祖先保佑。之后大家要吃年夜饭，也可以说是团圆饭，因为这是全家坐在一起享受天伦之乐的日子。今天的人们围在一起吃年夜饭的同时增添了新的元素，比如全家人一起看“春晚”，为新年增添了许多乐趣。吃完年夜饭人们一般不睡觉，等待新年的到来，是为守岁，也叫作“坐年”、“熬年”，是对新年的敬重，也是期待新年的激动心情的一种表达，也有为父母添寿的说法。除夕夜还有长辈给孩子压岁钱的传统，在古代是辟邪的寓意，传承至今更多的则是长辈对晚辈亲情爱意的体现。

零点一到，震天的鞭炮声响起，新年终于来临。拜年是庆贺新年的重头戏，拜年包括拜神和拜人。首先要拜神，这是古代鬼神崇拜传统的延续，之后再拜人，从家中父母长辈到同宗长辈都要行叩拜之礼，邻里亲友之间也要互相拜年。后来，拜年仪式不再局限于家族之内，扩展至社会范围之内，如古代官员之间的互拜，还产生了可视为贺年卡的拜年名帖。发展至今天，拜年仪式被大大简化了，只剩部分地区会对长辈行跪拜之礼，拜年的其他方式虽多种多样，如纸质贺卡、电子贺卡、拜年短信等，但总让人觉得诚意不够。

大年初一之后的又一重要日子是“破五”，即正月初五，这是送走祖先神灵开始新生活的日子，也是送穷、迎财神的重要日子。送穷的习俗在南北朝就有，到唐朝时已十分普遍。唐代姚合《晦日送穷三首》中写道：“年年此日中，沥酒拜街中。万户千门看，无人不送穷。”送穷迎富是人们永恒不懈的追求。民间认为初五是财神的生日，于是在其生日的前一天晚上备下酒席，为其庆生。财神在民间有多个化身，包括文财神、武财神、五路财神、青龙财神等。破五的节日饮食也很讲究，大多地方要吃饺子，但不是简单的一餐饺子，而是包饺子的过程要虔诚。比如，饺子馅一定要亲自剁，象征把不好的东西都剁掉，预示新的一年顺顺利利。有的地方在这天早上吃的是面或糕，也是讨个吉祥如意、步步高升的好彩头。

在初五和元宵节之间还有一个重要的日子，就是“人日”，即正月初七，也叫“人胜节”。这与女娲造人的传说有关，认为初七是全人类的生日。在唐代有互相传送花胜的习俗，故有了人胜节的说法。胜，是古代的一种饰物。古人很重视人日，即使大年三十、初一赶不回来，但在初七之前一定要赶回来。从隋朝人薛道衡的《人日思归》中可感知一二：“入春才七日，离家已二年。人归落雁后，思发在花前。”人日的主要习俗就是做人胜，可将其戴在头上，也可将其贴在屏风、床帐等物上。人日的节日饮食有七宝羹、熏天饼、春饼、面线、捞菜、及第粥。人日在今天已没那么多习俗了。

春节的最后一个高潮是元宵节，也就是正月十五，又称“上元”、“元夕”、“灯节”，是新年的第一个月圆之夜。“中国人对月亮有着特殊的感情，这新年的第一个月圆之夜，在民俗生活中自然具有非同寻常的意义。如果说春节是一台由家庭向乡里街坊逐次展开的社会大戏的话，那么元宵就是这台大戏的压轴节目。”① 关于元宵节的起源，有学者认为起源于原始的火崇拜。此外民间还有许多其他有趣的传说。元宵节的主要习俗就是张灯、猜灯谜、吃元宵等。

张灯的习俗自汉代始，因明帝年间重佛，曾下令正月十五在宫廷和寺院张灯祭神，后这一活动扩展到民间，就形成了元宵节张灯的习俗。唐代有繁荣的灯市，宋代的灯节则更为热闹。辛弃疾的《青玉案·元夕》中就描写了元宵张灯的盛况：“东风夜放花千树，更吹落，星如雨。宝马雕车香满路。凤箫声动，玉壶光转，一夜鱼龙舞。”张灯的习俗被很好地传承下来，只是现在张的灯多是现代文明的产物，除了部分灯用蜡烛外，其他的多是电灯，品种样式繁多，颜色也多种多样，为节日增添了光彩。

有了灯，自然就有灯谜。“一时欢乐一时愁，想起千般不对头。如若想得千般到，自解忧来自解愁。”这就是一则灯谜，它的谜底是“猜谜”。猜灯谜是个有趣的民俗活动，起源于民间口谜，后演化为灯谜。今天人们过元宵，已没有大规模的猜灯谜活动了，只是有些商家会举行猜灯谜的活动，作为一种营销手段。

元宵节的节日饮食是元宵，也叫汤圆，寓意团圆。吃元宵的传统始自宋代，周密《武林旧事》中记：“节食所尚，则乳糖圆子。”元宵有两种制作方式，一种带馅，一种不带馅。今天人们吃的多是带馅的，而且有各种口味，为节日增添了一丝别致的风味。

元宵节还有舞龙、舞狮、踩高跷、扭秧歌、跑竹马和跑旱船等风俗活动，正是这些娱乐活动使得元宵节更为热闹、红火。元宵节过后，贺新年的活动终于告一段落，而新的一年正式拉开帷幕，人们满怀激情追寻新的希望。

三　春节习俗传承的思考

春节，是我国最有影响力的传统节日，它作为农业文明的产物，有着丰富的历史文化内涵。它的一系列礼仪仪式，不仅是庆贺节日的方式，更显示了人与自然和谐相处的追求，蕴含着我们勤劳勇敢、自强不息的伟大民族精神，是

① 萧放、张勃：《中国节庆》，上海古籍出版社 2010 年版，第 35 页。

强化民族心理认同和维系民族团结的重要纽带。遗憾的是，今天的春节礼仪已大大简化了，最突出的表现就是在给长辈拜年时不再行跪拜礼，其他的一些春节符号也已消失或改变，致使年味变淡。如何在当今社会背景下传承与发展春节文化，使其在和谐社会建设中发挥积极作用，是个值得思考的问题。针对这一问题提出几点建议：

（一）政府适当引导

春节并不仅仅是人民的节日，也是整个民族、国家的节日，政府有责任对其加以引导，将传承春节文化提升至国家战略层面，从大处着眼，进行整体规划。同时要避免文化精英主义倾向，将民众难以接受的文化强加于民。毕竟我们的政府正在向服务型政府转型，更要本着以人为本的原则，在符合群众春节文化需求的基础上制定策略，提高春节的影响力。另外，“具体在春节文化工程方面，全面加强春节文化研究，解析春节文化要素，在系统梳理的基础上，组织专业力量就相关要素的创意、生产、推广等进行专题研发，形成实施建议”①。

（二）群众广泛参与

“春节作为全民族最盛大的节日，更是在各个地方呈现出缤纷的色彩，体现出民众在继承和发扬传统文化上的主体作用。”② 自古至今，民众都是春节习俗活动的主体，在政府宏观引导的同时，群众更要广泛参与。在实践春节习俗的过程中，自觉保护与传承春节文化，不要让一些可贵的春节习俗后继无人。

（三）让春节教育走进课堂

教育是传输知识的有效方式，让春节教育走进课堂是十分必要的，不仅要进入中小学课堂，也要走入高校课堂。据统计，在全国近两百所高校中，传统节日的教育多是以选修的方式进行，而没有纳入必修体系。所以，将春节教育纳入高校课程是有必要的，让学生在课堂上了解春节习俗，在课外的实践中感受春节文化、培养节日情感，推动春节习俗的传承。

（四）创新春节符号

随着时代的发展与科技进步，一些传统的春节符号已不符合人们的需要，加之一些融入现代元素的春节符号得到广泛认可，所以有必要与时俱进，对一些春节符号进行创新。其实这也是保护非物质文化遗产的一种手段，避免一些承载着传统文化的优秀基因因不符合时代需要而消失，让其以新的面目走下去。对于另一些春节符号，则加入一些现代元素，使其富于时代精神，在传播春节文化中发挥更好的作用。

---

① 潘鲁生：《从春节符号谈文化传承与创新》，《山东社会科学》2012 年第 1 期。

② 刘铁梁：《社会发展与春节文化》，《山东社会科学》2012 年第 1 期。

（五）借鉴外国经验

世界上有许多国家过春节，如韩国、朝鲜、新加坡、马来西亚、泰国、越南等。这些国家都很重视春节，多有法定假日。虽说这些国家的一些春节习俗不乏中国的影响，但现在说的是习俗传承方面的问题，韩国在这方面就做得很好，从他们现在拜年时晚辈一定要给长辈行跪拜礼这点就看得出来。另外，韩国在日常生活中也很讲究礼仪，他们把传统文化传承得很好，这是我们需要借鉴的。

（六）让春节习俗走向世界

春节在海外传播已有很长的历史，在全球范围内也产生了一定影响，但更多的是靠海外华人的力量。如何让外国人从心里认同、接受、喜欢春节习俗，进而让外国人自己每年都正儿八经地“过年”，这是弘扬、传播我们优秀传统文化的一个重大课题，值得我们中华民族的每一分子不断地思考与探讨。在这方面我们也可借鉴外国成功的经验，例如圣诞节在全球范围内就很成功。我们在抨击洋节冲淡了我们传统节日的同时，也要反过来思考为什么人家的节日能得到广泛认可。希望将来中国的春节也能够在世界范围内得到更多的认可，真正走出国门、走向世界。

春节习俗的文化内涵、心理功能及其传承意义

吴卫国*

摘　要：历史悠久的中国春节不仅是祭祖敬神、家人团聚、增进感情的重要时刻，同时，也是具有很强的生活意义和心理功能的传统节日。因此，随着时代的发展，春节虽然在形式上发生了很多变化，但作为一个承载着文化传递功能和突出心理功能的特殊节日，它在中国人心目中依然具有特殊的地位，仍然具有非常重要的现实传承意义。

关键词：春节习俗　文化内涵　心理功能　传承意义

春节俗称“过年”，是我国一个古老的传统民族节日，据传源于远古时期“年”的传说。这个虚构的传说生动形象地描绘出人们在新旧年节转换过程中的忐忑心态，[①] 由其演化而来的一系列春节民俗活动（如贴春联、放鞭炮、守岁、拜年等）也传承至今。虽然学术界曾有过多种关于春节起源的假设，但由于缺乏相关证据和文献的支持，还是无法确定具体起源时间。[②]

传统意义上的“春节”是辛苦劳作一年后的中国人充分休养、祈愿和娱乐的时间，是一年中最盛大、最热闹、最重要、最具特定生活仪式的喜庆日子。仪式是指民众在传统节日期间所展现的普遍有别于日常生活的行为。人类学者

*［作者简介］吴卫国，清华大学积极心理学研究中心助理研究员。

① 萧放：《春节习俗与岁时通过仪式》，《北京师范大学学报》（社会科学版）2006 年第 6 期，第 50—58 页。

② 杨琳：《中国传统节日文化》，宗教文化出版社 2000 年版，第 1—12 页。

莫妮卡·威尔逊（Monica Hunter Wilson）认为："仪式能够在最深层次揭示价值之所在……人们在仪式中所表达出来的，是他们最为之感动的东西……仪式所揭示的实际上是一个群体的价值……"① 春节的一系列习俗活动及其所蕴含的文化意义和心理功能，正是通过一系列仪式活动得以实现，而且仪式也使节日的意义更加形象化、具体化。② 经过几千年的传承和演化发展，春节已不只是一个度量时间的单位，也不仅仅是一个进行全民祭祀和享受血缘亲情的日子；构成春节的一系列时间节点和民俗活动，已成为中华民族的文化符号，蕴含着各地民众辞旧迎新、祭祖敬神、合家团圆、人情往来等丰富的文化内涵，也凝结着华夏子孙千百年来最美好的祈愿，更承载着年节习俗的传承和发展的重要使命。

一　春节习俗的文化内涵

当代意义上的春节，已经成为以家庭团聚为中心、紧密围绕"辞旧迎新，祈望美好未来"而展开的名目繁多、内容丰富的多种习俗活动。尽管各地保留至今的春节习俗活动在内容和形式上可能存在一些差异，但核心还是一致的，甚至相关仪式还被赋予了更多的文化内涵。为了符合当前对春节的认识，这里只简述"除夕和正月初一"期间民众展现节庆行为的一些习俗活动及其内涵。

（一）扫尘

扫尘是一种从驱除病疫的宗教仪式演变而来的相沿已久的传统习惯。据《吕氏春秋》记载，尧舜时代就有了在祭祀活动开始前必须进行净化活动的风俗。而自从南宋开始，在月穷岁尽之日，"士庶家不论大小，俱洒扫门闾，去尘秽，净庭户……以祈新岁之安"。春节扫尘逐渐演变成我国大江南北人们年终除旧迎新的必要仪式之一。遵照明清时期"灶神上天，家中清扫无所顾忌"的说法，我国民间习惯把每年农历腊月二十三开始到除夕的这段时间叫作"迎春日"或者"扫尘日"，正式开始准备过年。扫尘在北方称"扫房"，南方叫"掸尘"。③ 按民间的说法："尘"与"陈"谐音，新春扫尘就有了"除陈布新"的寓意，顺带把一切"穷运"、"晦气"统统清扫出门；另外，由于"扬尘惹火，蛛网惹祸"，故也要将它们送走，以确保屋内一年平安。因此，每逢这个时候，

① ［英］维克多·特纳：《仪式过程：结构与反结构》，中国人民大学出版社2006年版，第6页。

② 韩大强：《论春节仪式所蕴含的文化价值功能》，《信阳师范学院学报》（哲学社会科学版）2015年第2期，第104—108页。

③ 肖三蓉、王冬梅、雷良忻：《中国春节民俗心理探析》，《国际中华应用心理学杂志》2005年第2期，第215—218页。

家家户户都会选择在一个晴朗天打扫卫生，将屋内上下、里里外外、四壁角落、柜顶柜底全都清理一遍。沿袭至今的扫尘习俗既烘托出我国人民“彻底搞卫生、干净迎新春”的气氛，也反映了我国人民自古以来爱好清洁、追求健康的可贵品质，更寄托着破旧立新的愿望和祈求。

（二）贴年画和春联

年画、春联都起源于古代驱鬼辟邪的习俗。[①] 古人认为“鬼畏桃枝”，桃木有避凶趋吉、驱鬼逐邪、安家宁宅之效，于是，家家户户都会在春节期间“刻桃木为人形立于门前或者挂在人身旁”以辟邪，这些“桃符”也就是“门神”的雏形。后来，开始画“门神像”于桃木上，于是就有了朝不同方向发展的可能：一方面，依然沿着绘画方面发展，发展成了“门神年画”；绘画内容增加了财神之类，以满足人们喜庆祈年的美好愿望；民国初年，结合月历和年画的特点又创新出“挂历”。另一方面，逐渐简化画“门神像”为在桃木板上刻写门神的名字；之后又变为在桃木板上写迎春纳福祛祸的吉祥语或对偶诗句（即“桃符诗句”）挂于大门两旁，且越写越长，慢慢形成了对仗工整的吉祥联语这一新门饰。[②] 春联自明朝开始在全国普及。如今，我国很多地方仍然保留着过年贴年画和春联的习俗。发展到现代，两者除了反映民间风俗和信仰的功能之外，也起到了装饰门户、增添节日欢乐气氛的作用，更表达了民众追求未来美好生活的心愿，还因此成了我国民众表达喜庆和吉祥意愿的民间艺术。

（三）年夜饭和守岁

“除夕”是指每年腊月最后一天的晚上。这天通常是我国民间春节的一个高潮，会围绕着“除旧迎新，消灾祈福”开展一系列活动，“年夜饭”和“守岁”是其中的主要活动。据《荆楚岁时记》记载，由上古时期的腊日狂欢聚饮逐渐演变而来的吃年夜饭习俗，大约在南北朝时就已经形成了，并迅速流行。旧时吃年夜饭前，要先盛出一部分用于祭拜祖先神灵，然后一家人按辈分落座并慢慢享用满桌丰盛的佳肴；一般从掌灯时分入席，有时会一直吃到深夜。流传至今的年夜饭不但是家家户户最热闹、最愉快的时候，而且含有多重民俗意义。吃了年夜饭，全家人围坐一起，“终夜不眠，以待天明，称为守岁”。守岁习俗在魏晋南北朝时就已经很普遍，宋代时已遍布城乡。[③] 古时的守岁，除了有“辞旧迎新、秉烛欢乐”之意外，还有驱除鬼怪邪祟和受福健体的民俗内涵。现在

① 陈连山：《春节民俗的社会功能、文化意义与当前文化政策》，《民间文化论坛》2004 年第 5 期，第 9—15 页。

② 肖亮、程凌霞：《传统节日所涉及的食物和植物的文化内涵》，《生物学教学》2011 年第 12 期，第 49—51 页。

③ 张本瀛：《春节的由来和习俗》，《全国新书目》2009 年第 3 期，第 10—13 页。

看来，正因为除夕有“一夜连双岁，五更分二年”的特殊性，团圆在一起的家人，往往会趁这个时候总结过往经验，展望美好的来年。因此，守岁重大而深远的现实意义在于，既有对过去一年逝去岁月的惜别、留恋之情，也有对新旧更替这重要时刻的担忧或恐惧，更有对即将来临的新年满怀希望的强烈期待。

（四）放鞭炮和烟花

每当除夕子夜时分或正月初一凌晨，中国各地此起彼伏的花炮声会响彻天空。花炮是鞭炮和烟花的合称，前身为“爆竹”。据《通俗论·俳优》记载：“古时爆竹，皆以真竹着火爆之。”通过火烧竹子，使其受热膨胀后爆裂发出噼啪声而起到除邪崩祟的作用。所以，南朝《荆楚岁时记》说：“正月一日，是三元之日也，鸡鸣而起，先于庭前爆竹，以辟山魈恶鬼。”唐初时将魏晋时期发明的火药装入竹筒后点火鸣放，可看成现代爆竹的雏形。宋代造出了纸卷的爆竹，继而被编成串叫“编炮”；因其声响清脆如鞭，也称“鞭炮”；不久有了除夕在开封街头卖鞭炮的记载。① 后在改进鞭炮工艺的基础上又出现了花样繁多的烟花。鞭炮听声，烟花看彩，使得春节热闹、喜庆的气氛更加有声有色。如今的鞭炮和烟花，已经没有了驱鬼和迷信的色彩，反而成了民众喜庆心情自然流露和绽放的方式之一，起着烘托春节氛围和增添民众乐趣的作用，甚至已经成为民间辞旧迎新的标志或象征符号。

（五）迎神祭祖

自汉代起一直沿袭下来的、颇具代表性的传统迎年仪式次序是：“元旦，主人晨起，爆竹。洁衣冠拜天，俗谓之‘接天’；次拜灶，谓之‘接灶’；次拜祠堂及祖先画像。”受中国社会强大的宗族思想影响，祭祖是中国春节习俗中最古老的内容之一，通常是在早饭前摆好香案、供品进行迎神祭祖。虽然年节期间祖先与家人同在，但在新年降临时仍要举行特别祭拜。尽管新中国成立后宗族祭拜曾经历了短暂的消亡，但家庭祭拜的核心仪式一直在民间绵延至今从未中断。去除迷信的成分，通过祭祖，中国人既可以达到追根寻源、敬重祖先、缅怀先人的目的，也可以借此使后辈不忘祖先的恩德并感谢祖先积攒的功德，关键是还在一定程度上起到了团结家族力量、加强家庭成员之间情感联系的作用。

（六）拜年

与年夜饭一样，“拜年”也是春节期间最能体现“年味儿”的一项重要习俗活动。据传拜年的习俗也源于那个远古时“年”怪兽的传说。腊月三十晚上，大家因害怕被吃都躲在家里不敢出门，待第二天早上“年”走了才敢开门相见，

---

① 顾禄：《清嘉录》，中华书局2008年版，第42页。

彼此作揖道喜，互相祝贺未被“年”吃掉。在每年正月初一早上的“往来拜节”——互相走亲访友去拜年，早在唐宋时期已盛行。传统意义上的拜年活动，从正月初一开始，要一直延续到正月十五“元宵节”才结束。旧时民间拜年有固定的次序，先拜神灵，次拜祖先，再拜长辈、尊辈，然后是家庭内成员互拜，再接着是拜宗族兄弟、乡党耆老等。至今，全国各地仍然保留拜年庆贺的习俗，甚至山东、河北的部分地方还保留着“跪拜礼”。到了近代，增添了通过邮寄贺年卡、贺年封等物品送祝福；随后又出现了通过电子邮件发送网上贺年卡（信）、电话和短信互相拜年；这两年，还新增了红包和视频拜年。尽管各有不足，但主要目的都是沟通并增进亲友感情。

二　春节习俗的心理功能

在漫长的传承过程中，春节逐渐演变成一种习俗众多、仪式繁杂的社会文化现象或活动。有学者指出，民俗是社会心理活动的一种外化形式；在特定的条件下，民众的心理活动以物质成果和行为方式的形式表现出来，会直接影响一个民族的民俗活动，甚至会比物质生活条件起到的作用更加重要。① 也有学者认为，仪式活动承载了民众几千年来的族群文化心理和认同感；民俗心理就是在民俗形式中蕴含的较具体的民俗稳定的意识定式。② 同样，经历了多个朝代更替和大量民众的一遍遍再创作，当今的春节习俗在某种意义上承载了浓郁的民族心理特征，体现了我国民众内隐的意识定式、认知结构、思维方式等方面的心理模式。尽管春节习俗的内容和形式随着社会及时代的变迁会有所改变或调整，但最本质的、最深刻的内在含义（尤其是民众寄托在其中的心理特征）是不会变化的。③ 至今，春节的核心价值和模式仍然在持续且稳定地影响着我国绝大多数人及部分海外华人的思想和行为，并继续通过显性的风俗习惯表达出来。因此，古老的春节习俗，既充分表现了孕育它的历史文化意识，也很好地折射了中国人的种种心理需求，更是集中体现了中华民族追寻美好生活的文化心理，值得对其进行深入研究和探讨。

纵观春节习俗的长期传承过程，可以发现我国民众是始终围绕“求吉纳祥、避祸祛凶”的民俗心理行事；而且该观念深蕴在春节文化之中，也一直支配着

① 刘玉梅：《论海南民俗文化心理》，《海南广播电视大学学报》2010 年第 1 期，第 35—37、38 页。
② 陈勤建：《当代中国民俗学》，上海文艺出版社 1988 年版，第 10 页。
③ 沈利华：《祭灶——民俗文化心理论析》，《学海》2005 年第 5 期，第 141—146 页。

民众的节期生活。[①] 正是有着这样的心理定式，春节习俗的心理功能大体可以归纳为以下几个方面：

（一）家人团聚心理

虽然内敛、含蓄的中国人不善于也不会直接表达情感，但受浓郁的“家”的观念影响，仍然会本能地向往与家人团圆并共享天伦之乐。所以，即使在当今社会，许多中国人依然受“有钱没钱，回家过年”观念的影响，离家在外的人无论身处何方，春节前都要不远万里赶回家中与家里的妻儿老母、兄弟姐妹等全家老少一起过年。根据马斯洛的需求层次理论，春节回家团圆满足了中国人的情感需要，尤其是彼此之间和睦相处、互敬互爱以及相互鼓励的温暖氛围，能满足我们内心安全的需要、爱和归属的需要。在全家热闹欢腾的团聚气氛中，既体现了父慈子孝、敬老爱幼、全家和睦的精神面貌，也能在某种程度上强化家庭和睦的意识。这就使世代相传的春节演变为一个以家庭为中心的中国传统节日，成了中国人寻根追源、重温亲情和表达情感的时间，甚至升华为中国人难以割舍的精神家园。因此，春节既蕴含了太多浓烈淳厚的亲情，也充分满足了中国人内在的传统亲情需求和心理定式。

（二）情感慰藉心理

除了团圆，春节还有很多表达中华民族集体精神情感的主题，包括祥和、平安、喜庆、丰收等。依照阿德勒的个体心理学观点，延续至今的春节传统文化使得集体无意识内化为中国人的本能，促使我们春节回家团聚；而依照跨文化心理学的观点，已经深深融入我们中国人血脉中的集体主义情结也驱使我们过节要回到家人身边，因为与家人在一起时的充实感和愉悦感是难以言表的。另外，在家族成员共同祭祖的过程中，既增强了家族成员之间的内心认同感，也加深了家族内部成员之间的感情联结；之后的街坊邻居、亲戚朋友彼此登门拜年，既和睦了邻里关系并拉近了亲人情义，也能够消除曾经历过的隔离感、孤独感和自卑感等不良体验，甚至获得尊重的需要。旅居海外的华人华侨也一样，通过春节等传统节日来维系自己与祖国的维系。由此可知，春节既是我们中华民族有别于世界其他民族特有的文化心理现象，也是我们情感需求得以满足的重要方式和途径。当下的春节，它所承载的已不仅是对人生的洗礼，更重要的是在外时得不到的情感需求回家能够得到抚慰。这也使得春节在人与人之间的关系越来越趋于世俗化、功利化的现实中更加显得魅力强大。

① 李国江：《传统社会春节禁忌的利益取向及功能》，《温州大学学报》（社会科学版）2015 年第 1 期，第 87—92 页。

（三）敬祖尽孝心理

春节祭祖作为一种特殊的仪式，在中国人心中有着重要地位。一家人怀着敬畏心理祭拜了祖先神灵，向祖先表达了感恩的同时祈求能继续庇佑家人。而借助特定的时间举行的特定仪式，在某种意义上既尽了晚辈的孝心，也重新建立起后代和祖先之间连绵不断的联系，并强化了宗族和家族成员对家族文化的认同感和凝聚力。我国侗族人民在春节期间举行集体活动时要先唱“忆祖歌”缅怀先人，也起到类似的作用。从这个方面讲，中国人的春节也可以看作一个以家庭伦理教育为重要内容的节日。因此，春节期间的系列祭祀活动，既充分展现了中国人敬祖尽孝的伦理观念，也在一定程度上集中反映了中国人“不忘根”、“不忘本”的民族特质，从而确保了中国文明几千年的香火绵延不断。

（四）求吉祈愿心理

民众的求吉祈愿心理，是一种古已有之且有着广泛民众基础的民俗心理现象。这实际上就是一种在社会关系中形成的、具有普遍性的“趋利避害心理”——人们在说话、做事时趋向于说对自己有利的话语、采取对自己有利的行动。[①]“年”由来的传说所表达的正是人们驱邪除祟、躲灾避难并追求幸福安康、快乐生活的美好愿景。另外，除夕夜被古人看作一年中阴气最重、阳气最衰的时候，所以，这一天尤其需要“辟阴”；而所采取的贴春联/年画、放鞭炮、给压岁钱等习俗活动，无一例外地表现出人们对五谷丰登、人畜兴旺、欢乐吉庆、平安和顺的追求和趋利避害的心理。由此就不难理解：深受“福、祸”二元文化观念影响的中国人，特别注重在岁时转换的关键节点进行求吉避凶。一方面通过主动举行各种仪式性的祈求行为和祝福活动，希望新的一年有个好的开端、好的结果，并积极去做有好预兆的事；另一方面，积极避凶，既规避不好的事物，也约束自身言行，通过不说、不触、不吃等诸多禁忌将引发凶祸的可能性降到最低，从而满足并实现“趋利避害、趋吉避凶”的心理需求。当然，这些仪式化的祈愿活动在满足民众求吉祈愿心理需求的同时，也进一步强化了民众在春节期间进行趋吉避凶的民俗观念。

（五）心理暗示功能

心理学认为，心理暗示作为一种社会影响的形式，主要是采用含蓄的、间接的方式，通过言语或非言语、文字或自然景观等手段使人不自觉地接受某种观点、信念、态度或行为模式的影响，从而使受暗示人在心理或行为上发生相应的变化。其特点是无须实施者说理论证，而只是信念的直接移植，就可以对

① 罗菲：《〈战国策〉策士的心理论辩术研究》，《毕节学院学报》2012 年第 10 期，第 123—128 页。

人的心灵发挥潜移默化、持久不衰的作用；或者通过使人感到突然、新奇，继而逐渐发现彼此之间的内在联系，在受到启发后激起情感和心灵的共鸣，从而引发某些心理状态或意味无穷的乐趣。① 综观春节的传说和习俗活动，都充满了积极的心理暗示：如民众通过编造“年”兽的出现和消失这样的幻想故事，把无法控制的自然灾害想象成可以通过爆竹、旺火或红色等仪式来控制并安慰自己，从而达到心理上的满足以及对来年生活的憧憬；故事发生的背景被设定在冬春交际、农民新的一轮播种即将开始之时，犹如认为来年自己也可以控制或战胜自然灾害，获得一个好的收成，所以赋予新的年岁从春意盎然中开始。② 另外，民众通过洗澡、扫尘等期待新的一年平平安安、健健康康；通过贴春联、放鞭炮等期待新的一年红红火火、顺顺利利；通过祭祖和相互拜年等活动增进彼此之间的情感交流。由此可见，春节习俗活动无一例外地充满了喜庆色彩，特别是通过调动起全国人民的热情时，它的暗示效应也就被无限放大了，从而使它变成了一种“群体性期待或积极暗示”。从某种意义上来讲，对春节的重视也体现了中国人对未来美好生活的积极期待和坚信。

（六）缓解心理压力

每年岁末，中国总会上演世上罕见的人口大流动现象。美国有心理学家表示：当代中国一年一度的人口大规模迁徙，其实成了一种宗教仪式！从某种意义上来说，当代社会的急剧转型、城市化的快速发展带给了中国人莫大的压力，紧张的精神、焦虑的身体都需要有个归宿能休养生息；而春节回家就成了中国人“自我疗伤”的民族信仰或宗教选择。由于春节在维系家族血缘关系和熟人社会得以和谐运转中曾起了重要作用，所以，受以家族为核心的宗法文化影响，中国人特别在意提供了亲情交流契机的春节。而那些常年飘荡在外的人，回到生于斯长于斯的家乡，回到殷切思念和期盼的亲人身边，归零社会角色，卸掉身上压力，可以让浮躁或烦躁的心得以宁静或放松，尤其是家乡原生态的山水人文环境和亲人朋友亲切关爱的“话疗”，十分有利于心理健康。而通过默默祈祷和祭拜祖先，人们既完成了自己的倾诉，释放了内心对现实的不满，也追念了祖先的恩德和贡献，同时希望继续得到祖先的庇佑，关键是使精神也获得了抚慰。因此，春节有利于我们排解或摆脱曾经遭受过的心灵伤痛或困扰，缓解压力——甚至起了心理治疗的作用。

---

① 林崇德、杨治良、黄希庭主编：《心理学大辞典》（上），上海教育出版社2003年版，第14页。

② 刘彩清：《对“年”兽故事的精神分析》，《贵州民族学院学报》（哲学社会科学版）2010年第6期，第118—121页。

（七）社会支持功能

社会支持是指个体的社交网络运用一定的物质和精神手段对其进行帮助的行为。或者说，社会支持既可以是物质上的直接援助行为，也可以是精神上的安慰、理解、尊重等体验。[①] 有研究表明，良好的社会支持是个体“可利用的外部资源”，既可以起到保护健康的作用，也可以降低心身疾病的发生并促进疾病的康复。春节期间，我们通过与家人、亲戚、邻里和朋友之间的互动，起到加强彼此之间的情感沟通和联系的作用；而家人和亲戚的宽容接纳、鞭策鼓励，邻居和朋友的关心问候、适时帮衬，能让我们获得期望的情感支持，使我们获得心理上的慰藉和精神上的愉悦。另外，从某种意义上来说，春节实际上还是一个很好的充电时机。我们在家人的关爱中吃好、休息好，恢复体力并调整好身心状态，以便在春节后能精神饱满地投入到崭新的生活和工作中去。因此，不可忽视春节的社会支持功能，尤其是人们在体验过积极情感后，往往有助于唤起并满足我们内心对美好生活的向往。

三　春节习俗的传承意义

源于中国传统农耕文明的春节习俗活动，带有浓郁的民族特色。但随着中国社会的整体变革和快速发展，人民生活水平的提高和日益现代化，传统民俗文化中有许多活动正在逐渐被现代社会淘汰。譬如在当今大城市里，敬天祭神的春节习俗已经不多见；其他习俗活动也出现了重大的变化——不用在年前忙碌地置办“年货”，但在一定程度上消减了一家人“忙年”的喜庆和兴致；去酒楼吃“团圆饭”节省了饭后收拾的麻烦，但失去了家人团圆的意义和食欲；通信技术的发展避免了面对面拜年的烦琐，但缺失了人与人之间的情感交流和互动。因此，传承了几千年、有着深厚文化根基的春节，“年味渐淡”已是一个不争的事实；即使被列入国家级非物质文化遗产，并进一步确定为国家法定假日，也未能阻止和减缓春节气氛处于逐渐消减和嬗变之中。[②] 这就引发了社会各界人士的广泛关注，相关政府部门、学术界及其他社会力量也对春节等传统年节习俗的传承与保护问题进行了多方商讨。毋庸置疑，作为中华民族最为盛大隆重、最富有特色、民众参与度最高的古老传统节日，春节在中国人心目中仍然具有

① 马定松、向泰：《宗教信仰的心理功能探析》，《社会心理科学》2013 年第 28 期，第 15—16、22 页。

② 余悦：《城市化浪潮中的春节传统节日文化——从江西省南昌市说开去》，《江西社会科学》2011 年第 1 期。

特殊的地位，仍在发挥重要作用并影响我们的生活方式，是目前任何其他现代手段所无法替代的；但也亟须从顺应时代发展的角度来探讨春节的传承和发展问题。无论是从传统文化传承的角度还是非物质文化遗产保护的角度来看，保护、传承和发展好传统文化重要载体之一的春节习俗活动仍然具有深刻的现实意义。

首先，春节习俗是中华民族传统文化的重要组成部分，是中华文化传承的重要基石，也是中国人的集体财富。传承至今，承载着厚重的历史和文化记忆，凝聚了中华民族文化特质和群体精神的春节，已经成为广大民众生活方式的基本构成部分。在春节期间的短时间内就密集展现了扫尘、贴春联/年画、祭祖、吃年夜饭、守岁、拜年、走亲戚等一系列习俗活动——举国上下都会积极参与其中，既追忆了遥远的过去和祖先，也展望了美好未来的生活，还蕴含着许多象征着闲暇、欢乐和幸福的民间文化符号和优秀民族文化。不但每一个习俗都紧紧围绕着“辞旧迎新、纳福送瑞”展开，而且每一天都有其独特的文化内涵和意义。这一切都使得春节具有了强大的文化凝聚力与生命力，如果缺失或简化了这些过程，甚至淡化或消除了这些民间文化符号，就可能失去了年的本质意义，失去了传统文化传承的根脉。

其次，春节习俗是凝聚民族情感的重要力量，也是建设和谐社会的重要方式。春节作为岁首大节，凝聚着亿万中国人的亲情和民族认同，在中国人心目中有着特殊的地位。尤其是诸种习俗：祭拜祖先，团聚省亲、善邻会友等无不凸显出倡导人伦、重视亲情的特点。因而除夕夜，出门在外的人无论多忙多远，都要赶回家与家人老小团聚在一起吃年夜饭、守岁祈福，那其乐融融的骨肉情深或天伦之乐的场景足以缓解奔波一年的疲倦。另外，由于拜年不但可以加强亲族成员之间的血缘亲情，还能有效地化解一些往昔的纷争矛盾，更是维系家族情义、和睦邻里关系的重要手段；所以，民间非常看重每年一次的拜年礼仪，从初一一直持续到初十，人们要将所有的远近亲戚和来往的街坊邻居都走到。① 再有，传统的春节将“与人为善、和谐相处”的友好人际关系理念，传递给任何参与互动的人，把我们自古以来“睦邻、和谐”的社会理想深深嵌入了每个人心中。因此，春节已不仅是一次亲情的欢聚，也是一个维系人际关系和促进社会和谐的节日，更是一次精神的洗礼和伦理关系的更新。保护和传承好春节习俗，在加强人际交流、维系人际关系和促进社会和谐方面，同样有着极为重要的现实意义。

① 黄涛：《保护传统节日文化遗产与构建和谐社会》，《中国人民大学学报》2007 年第 1 期，第 56—63 页。

最后，春节习俗是对外展示中国民俗文化和特色的一个窗口，也是世界文化遗产之一。数千年来，春节习俗作为中华传统文化的重要组成部分和表现形态，一直保留着民族文化中最具代表性的东西，也传承了隆重举行习俗活动的标志性仪式，更是我们强大的民族凝聚力和民族认同感所在。有学者认为，文化从来就不只是一种对内的行为，它同时也是对外进行族际交流的一种方式。作为典型的中国传统大节，春节习俗也一直在走向世界。早在唐代，春节习俗就已经流传到了朝鲜半岛、日本、越南等东亚地区，并为这些国家所采用。至今，春节还是朝鲜、韩国、越南、新加坡、马来西亚、印度尼西亚、缅甸等亚洲国家的法定节假日。另外，远赴异国他乡的海外游子、华侨，在融入当地社会的同时，也很重视以传统习俗欢度祖国的节日，以此慰藉自己根系祖国的人文情怀。而随着中国国际地位的显著提升，海外华人过“中国年”的声势也越来越大，吸引了更多的非华裔民众参与到春节活动中来。更为难能可贵的是，中国春节越来越多地受到当地主流社会的尊重和接纳，甚至有不少国家的政府首脑也以高规格的礼仪活动向居住在本国的华人拜年。从某种意义上来说，春节习俗已不只属于中国，已融入多元化文化世界中的春节，同样也属于世界文化宝库。

总而言之，春节是一个具有丰富文化内涵和突出心理功能的特殊节日。虽然随着时代的快速发展，春节习俗也在发生变化。但有学者指出，变的是过去那些以神为中心的部分，而充满温馨情义的以人为中心的部分，本质上并没有发生实质性的变化，在当前情况下也仍然具有非常重要的现实传承意义。

清明节的风姿魅力

吴碧翠*

清明节，我国最重要的传统节日之一，是由寒食节经过千年发展演变而来。自2008年起，清明节被正式列为国家法定节假日。冬有春节，春有清明，前者是红红火火的辞旧迎新，后者是细雨纷纷的祭祖扫墓。冬去春来，岁岁年年，清明与春节一样成为中国人的文化象征，虽然不像春节那样举国欢庆，但也寄托了全球华人思亲祭祖的不变情怀，可见其地位之高。那么，从开始的一个节气到如今的传统节日，究竟历经了怎样的变化？又有哪些独具特色的活动、饮食？又承载了多少中国传统文化的基因呢？

一　寻根溯源

"清明"一词最早见于《淮南子·天文训》："明庶风至四十五日，清明风至。"明庶风就是指春分时的东风，意思是清明风在明庶风四十五天后来到。这里的"清明"还是作为节气。《淮南子·天文训》是西汉时期的著作，因此可以看出清明作为节气在汉代就已经确立，主要用来单纯反映大自然的天象变化，以利农事安排。

节日意义上的清明起源于古代的寒食节。关于寒食节的来源说法不一，有周代禁火说（周代的禁火制度即寒食节的起源）、古代改火说、介子推说等。其

*［作者简介］吴碧翠，曲阜师范大学历史文化学院2014级研究生。

中介子推说是唯一为普通民众信奉的说法，但也是所有研究者批驳的对象，而介子推说只是用来解释其来源的民间附会，李涪在《刊误》中说“俗传禁火之因皆以介子推为据，是不知古”，是中国研究者们对于介子推说持怀疑态度最具有代表性的发言。[①] 但因为介子推说故事性较强，且容易被大众接受以增强节日的感染力，因此简单介绍一下。

相传在春秋战国时代，晋献公的宠姬骊姬生下儿子夷齐。为了使自己的儿子登上王位，骊姬对太子申生加以迫害。申生被逼自尽，公子重耳也被迫出逃。因为重耳德才兼备，很多贤士都追随他，介子推就是其中一个。在逃亡途中，介子推割下大腿上的肉进献给久未吃到肉的重耳。重耳很感动，表示登上王位后要重赏他。后来重耳成为晋文公，但他却忘了介子推。此时，介子推和母亲隐居在故乡绵山。有一天，晋文公在别人提醒下记起了介子推，并请他出山。但心寒至极的介子推不答应出山受封。为了逼迫介子推出山，晋文公下令“焚山”，不料想，介子推和母亲竟被焚而死。文公后悔不已。为了悼念介子推，文公下令将绵山改为介山，并在此往后三日禁止生火做饭，只能吃寒食。于是，禁火和吃寒食成为寒食节的重要习俗。

此外，插柳也是寒食节的习俗之一。寒食节期间，人们折下初春刚吐新芽的柳枝插在门上檐下应景过节，谓之“寒食插柳”。[②] 关于“插柳”的习俗还得从介子推说起。相传，介子推死时和母亲抱着一棵烧焦的柳树。于是晋文公就把介子推厚葬在这棵柳树下。第二年，文公到此哀悼介子推时，发现柳树竟然长出了新芽，就折柳戴在头上纪念介子推。

还有一种说法是纪念“教民稼穑”的农事祖师神农氏，但这种说法似乎有些牵强，也许是取其祈求长寿不老的象征意义吧。[③] 另外，辟邪的说法也很流行：民间有三大鬼节，分别是清明、七月十五、十月初一。清明这天为了防止鬼侵扰而插柳避鬼。贾思勰《齐民要术》里有“取柳枝著户上，百鬼不入家”的说法。当然这种说法也有可疑之处。

到了唐初，清明节还是作为寒食节的附庸存在，这种附庸其实是一种借用。唐中期以后，清明寒食才合二为一，且以清明为重。白居易《寒食野望吟》“乌

① 张勃：《寒食节起源新论》，《西北民族研究》2004 年第 3 期，第 144 页。

② 李锋军：《寒食节插柳节俗探源》，《青海师范大学民族师范学院学报》2007 年第 1 期，第 23 页。

③ 闫建滨：《清明旧事》，河北大学出版社 2009 年版，第 85 页。

啼鹊噪昏乔木，清明寒食谁家哭”，就有力地证明了这一点。同时“改火赐新火”① 在唐朝有了很大的发展。诗人韩濬的《清明日赐百僚新火》生动描写了赐新火的隆重场面，可见清明迎新火的重要性。此外，唐玄宗时期下诏：“寒食扫墓”纳入五礼之中。由此，扫墓、寒食、请新火成了唐朝清明节的主题。

唐代是封建社会的鼎盛时期，文化高度繁荣，其开放性、包容性、大众性使得民众能在享受传统节日的过程中，不断创造新的风俗文化。由于清明扫墓、寒食的凄凉，人们往往在扫墓寒食后组织一些更具娱乐性的活动，如踏青、放风筝、荡秋千等。

宋元明清时期，清明节的娱乐活动更加丰富。张择端的《清明上河图》栩栩如生地展现了当时汴京过节的热闹繁忙，宋代诗人王磐的《清江引·清明日出游》“问西楼禁烟何处好？绿野晴天道。马穿杨柳嘶，人倚秋千笑，探莺花总教春醉倒”，以清新的风格描绘了一幅清明节人欢笑马嘶鸣的郊游图。还有南宋词人周密的《曲游春》、北宋诗人欧阳修的《采桑子》、明代诗人高启的《清明呈馆中诸公》等等，都表现了清明节的祥和与热闹。此后，清明节经过漫长的岁月延续到现在。

清明节就这样在历史的长河中逐渐形成了自己独具特色的节俗。一方面怀着悲伤的心情扫墓祭祖，另一方面又以无比欢快的脚步春游踏青，迎接春天的到来。这看似矛盾却又非常和谐的统一体现了我们中华民族的生活价值观，即用平和深沉而又积极乐观的心态传承历史，开创未来。这就是清明节的魅力所在吧！

二　各地清明节的习俗

我的老家是陕西省延安市黄陵县，因黄帝陵而得名，也因黄帝陵而著名。每年清明节这一天，这里都会举行隆重盛大的祭祖活动。

我有幸参加了2014年的清明祭祖。那天早上天阴沉沉的，参加祭祀活动的万名来宾齐聚祭祀广场。他们有国家重要领导人、社会各界代表、港澳台同胞，还有海外华人代表。祭祀时间定为9时50分，象征九五之尊、至高无上。仪仗阵容包括56人的兵仗队和8杆长号、32把大小唢呐、5件打击乐器、1面祭旗、2面条幅、56面龙旗，寓意轩辕黄帝是龙的祖先，中华儿女是龙的传人，56个

---

① 旧石器时代钻木取火，由于取火比较困难，人们不会生新火，而是保存火种继续使用，成为“旧火”。因为其常年不灭而被认为是灾难的源头，“改火”就是为了避免旧火的危害。“赐新火”象征着新的生命、新的开始。旧火到新火反映了辞旧迎新、生生不息。

民族共尊始祖轩辕黄帝。祭品有 4 盘面花，分别命名为百鸟朝凤、万紫千红、二龙戏珠和麟狮猛虎，表达了炎黄子孙对黄帝的崇敬之情，期盼黄帝能够保佑天下风调雨顺、五谷丰登。贡馍一盘 34 个，代表全国 34 个省、自治区、直辖市和特别行政区，寓意炎黄子孙紧密团结在黄帝周围，共同抵御外来侵略，并使我们中华民族统一强大。随后在优雅大气的祭乐声中，祭祀大典拉开序幕。庄严厚重的鼓声钟鸣响彻黄帝陵上空，也敲进了华夏儿女的心中，刻在了中华民族的灵魂深处。接着是社会各界代表进献花篮、读祭文、乐舞告祭演出。最后是放飞黄龙。看着黄龙渐渐飘远，我相信此时此刻在场的所有人都激动万分，既由衷感叹中华民族的日渐强大，又殷切希望祖国母亲和平统一，繁荣昌盛。

这是民族的凝聚力与向心力，这是文化的象征与精神的寄托，这是身为华夏儿女的骄傲与自豪。

说来奇怪，祭祀仪式结束后，阴沉的天竟渐渐放晴了，一派春光美景，真是“柳近清明翠缕长”，到处都生机勃勃，春意盎然。于是，大家就三三两两地去春游，一扫冬日的阴冷气息。春游古时候就有，《论语 · 先进》：“子路、曾皙、冉有、公西华侍坐……莫春者，春服既成，冠者五六人，童子六七人，浴乎沂，风乎舞雩，咏而归。”暮春三月，换上春天的衣服，和五六位成年人，六七个小孩，在沂水边玩玩水，在舞雩台上吹吹风，一路唱歌，一路走回来，好不自在。① 可以说，踏青自西周到唐代有了很大的发展，这点从唐朝诗人的笔下就可以深深地感受到，比如顾非熊的《长安清明言怀》：“明时帝里遇清明，还逐游人出禁城。九陌芳菲莺自啭，万家车马雨初晴。”又如孟郊的“一日踏春一百回”等，此后踏青春游在各朝各代都是清明节的一种大型娱乐节俗。

在春游途中，有人放风筝，有人荡秋千，男男女女共沐春风，既有少女银铃般的笑声，也有孩子天真无邪的打闹声，到处洋溢着春日的温润与希望。放风筝、荡秋千是古代清明节的习俗，并一直延续至今，已经成为清明节的印记。唐代诗人薛能写道：“美人寒食事东风，折尽青青赏尽红。夜半无灯还有睡，秋千悬在月明中。”这首七言绝句把一个美丽可爱的少女在月光下荡秋千的画面生动地描绘了出来。除此之外，郑板桥还有“纸花如雪满天飞，娇女秋千打四围。五色罗裙风摆动，好将蝴蝶斗春归”的佳句，风筝像雪花一样满天飞，漂亮的少女荡着秋千，五颜六色的衣裙随风摆动，好像翩翩起舞的蝴蝶，不，比蝴蝶更加娇艳、俏丽。好一出清明佳节风筝满天、秋千高飞的情景，在这样生机勃勃的春天里亲近大自然真是人生一大趣事、乐事。

① 杨伯峻：《论语译注》，中华书局 2006 年版，第 136 页。

俗话说："十里不同风，百里不同俗。"我国疆域辽阔、民族众多，地方特色浓厚，造就了多姿多彩的清明节节俗。如山西省清明节的习俗是"上坟"，以表达对先人的哀思。"上坟"各地区又有自己独特的地方，比如山西南部多数地方"上坟"时男女都要到场，不燃香焚纸，而是将冥钱悬挂在坟头，有"清明坟头一片白的说法"。[①] 而山西北部"上坟"则多是男子，且要给先人烧冥钱等物，这样才能转给"阴间"的他们。南京人过清明节则是继承了秦淮河的放灯习俗，每一盏灯都有一个愿望，寓意放飞希望、祈福未来。深圳本土居民在清明节要举行"拜山"活动。重庆的许多大家族在清明节要开族会，会上一边拜祖，一边总结族人这一年的情况，好的表扬，坏的批评，旨在巩固、弘扬家族精神。上海、西安等地清明节要逛庙会。西安的庙会可谓人山人海，热闹非凡，有杂技、社火、秦腔表演、各类美食等，吸引了很多游客参与，直接展现了西安人的精神风貌和这座城市的美丽。其他各地清明节的习俗各种各样，这里不再一一介绍了。

祭祖踏青结束后，饥肠辘辘的人们就要大饱口福了。清明节的各类饭食可谓琳琅满目：陕北的子推馍（又称面花），是用面做成各种形状的馍馍，有龙、猫、虎、蛇等。记得小时候我还捏了一个小兔样子的面花，保存了好久。上海清明节则要吃青团。青团是用雀麦草汁和糯米粉，然后擀成面皮，包上豆沙、枣泥蒸熟，出笼时在上面刷熟菜油使其油绿鲜亮。另外，比较出名的还有晋南一带的"子福"、湖北湖南部分地区吃菜煮鸡蛋、新疆的"馓子"、闽东乌稔饭、泉州的润饼菜，等等。虽说各地的饭食有很大区别，但是都有一个共同的主题，那就是缅怀先祖，表达孝心。

吃完饭，清明节就算结束了。这一天虽然非常忙碌，但意义非凡。扫墓祭祖，是人们内心情感的一种宣泄，不管是对现状的不满，还是对未来的殷切期盼，都在这一天合理地表达了出来。现代社会压力巨大，大部分人都是得过且过，毫无精彩可言，然而在这个莺飞草长的时节里，大家争先恐后出游扫墓，既表达了哀思，宣泄了情感，又以欢快的方式寻觅到了生活的乐趣，再次点燃奋斗的希望与激情，这不是很好吗？虽说春节、端午等也是热闹无限，但有哪一个传统节日像清明节一样是中华民族忠孝仁义的脊梁，承载无数人的爱国情怀与民族信仰？当然没有，清明节正是作为这种载体和纽带而存在着。

① 闫建滨：《清明旧事》，河北大学出版社2009年版，第172页。

三　清明节的深层文化内涵

清明节祭祀分公祭和私祭，公祭前面已经介绍过了，下面说一说私祭。

私祭是基于血缘亲疏、通过扫墓的方式对自家先人的怀念。有人认为私祭意义上的清明节并不具备中华民族整体文化认同性质的功能，仅是单纯的各家各户行为。其实不然，私祭不只是深层公祭的外在表现形式，还有爱国尽孝的深层文化底蕴。这种观点忽视了祭祀祖先的集体行为，没有认识到私祭背后深层的文化伦理道德批判。①

不论公私祭，都是表达孝心和感恩的方式，其主要内容是扫墓。扫墓的习俗起源于最早的祖先崇拜。由于原始社会时期生产力低下，人们的认知能力有限，对很多现象都没办法解释，为了抵御自然灾害而必须团结在一起，于是就产生了早期的图腾崇拜，后来随着人的主体意识的萌芽发展，出现了祖先崇拜。祖先崇拜与图腾崇拜的最大不同，在于图腾崇拜的对象是物，而祖先崇拜的对象是历史主体——人，祖先崇拜是以血缘关系为纽带的社会体制在宗教上的表现。② 因为祖先崇拜，所以才有了祭祖扫墓的活动。

西周时期，为了维护宗法等级制度，周公制礼作乐，将社会生活的各方面都纳入“礼”的范畴，扫墓也从习俗变成一种礼俗，成为国家的头等大事。“礼”是规范人们日常行为的准则，可以追溯到原始氏族社会的巫术礼仪，随着历史的进步，人们逐渐认识到天命并不永恒，只有善理人事，才能达到长治久安，于是“礼”也就从对鬼神、天命的崇拜逐渐转到人类社会的制度上来了，③从而进入礼治社会。

在礼治社会中，一切活动按礼进行，当然也有祭祀扫墓。《论语·为政》讲“生，事之以礼；死，葬之以礼，祭之以礼”。父母活着，依规定的礼节侍奉他们；死了，依规定的礼节埋葬他们、祭祀他们。④ 这是樊迟问孔子为什么说“无违就是孝”时孔子的回答，可见以礼祭祀父母就是孝。

纵观清明节的发展历史，任何时期祭祀扫墓的目的都是“慎终追远”⑤，表达孝心。长此以往，“孝”已经成为清明节的节日符号，加上儒家一直提倡的“孝道”思想，就形成了中华民族重孝的文化信仰和民族性格。

---

① 闫建滨：《清明旧事》，河北大学出版社 2009 年版，第 201 页。
② 王曰美：《人的主体意识的发展与先秦文学》，中国社会科学出版社 2008 年版，第 35 页。
③ 王曰美：《殷周之际德治思想构建的主体性探析》，《道德与文明》2014 年第 1 期，第 83 页。
④ 杨伯峻：《论语译注》，中华书局 2006 年版，第 14 页。
⑤ 曾子讲“慎终追远”是严肃谨慎地对待父母的死，追念远代的祖先的意思。

此外，“孝”还有感恩的意思，感谢祖先的无私奉献，才使我们后人有美好的现在。中国没有感恩节，但是谁又能说清明节不是中国式的感恩节呢？我们怀着感恩的心用实际行动追念我们的祖先，这难道不是清明节的寓意吗？

再往大点说，任何节日风俗之所以能够沿袭千年，都是因为其本身的“根”和历史赋予的“魂”，因为有了更深意义的功能，有凝聚、传递民族精神的价值，才能生生不息。我们以自强不息的精神、以舍我其谁的态度、以顽强拼搏的行动使中华民族的文明发扬光大，这不正是清明节赋予我们的神圣使命吗？

年年几乎一样的祭祖扫墓，看似很无聊麻烦，但是大家都年复一年严肃认真地对待，这种重复性的活动只有一个目的，那就是加深印记和弘扬、传播我们优秀的传统节俗，增强文化认同感和民族自尊心。让我们从自我做起，从现在做起，携手共进，使每一个炎黄子孙都自觉融入中华民族的骨血，用自己的爱国心撑起大中国的明天。

河北迁安地区毛头纸生产工艺调查及保护

张学津*

摘　要：迁安位于河北省东北部，是重要的北方造纸中心，形成了毛头纸、红辛纸、书画纸三种工艺并存的格局，其中毛头纸工艺历史最久，能充分体现当地手工造纸的工艺特点，是北方传统造纸工艺的代表。但目前迁安手工纸行业现状危急，面临消亡的危险。

为了使这一传统工艺得到有效保护，本文在文献考证的基础上，采取了田野调查的方法。对迁安毛头纸工艺流程加以梳理，对其工艺特点进行分析，肯定了其作为北方手工造纸技术的代表所具有的工艺价值。在此基础上，结合迁安手工纸行业的整体情况，从全局出发，提出相关保护建议，以期使迁安手工造纸得到切实保护并实现持续发展。

关键词：迁安　毛头纸　手工造纸　多样性

造纸术源于我国，纸张的产生，对文化发展产生了深刻影响。根据造纸原料，传统手工纸可分为麻纸、皮纸、竹纸以及混合原料纸等。迁安位于河北省东北部的冀东沙区，适宜种植条桑，当地桑皮纸生产起源于蚕桑业。迁安手工纸生产最晚产生于明代，清《树桑养蚕要略》记载："近时京东如迁安等处遍地皆桑，迁安桑皮纸久著称。"①

*［作者简介］张学津，上海韩天衡美术馆助理馆员。

①（清）《树桑养蚕要略》，光绪莲池书局刻本。

由于养蚕植桑的发达，迁安有充足的桑皮来源，解决了造纸原料供应的问题。此外，迁安地处滦河流域，境内河流交错、水系丰沛，为手工造纸生产提供了充足的水源。原料和水源的丰富，使得迁安拥有进行造纸生产的良好物质条件，成为桑皮纸生产中心，并延续至今。

一　概况

迁安毛头纸是当地最古老的手工纸，主要作为包装、裱糊之用，是重要的日常生活用纸，也是迁安桑皮纸的代表。红辛纸是借鉴朝鲜高丽纸工艺生产的，清光绪年间，迁安西里铺人李显庭三入朝鲜，学习造纸技术，并将之引入迁安，创制了红辛纸。书画纸则是20世纪70年代，为适应市场需求，学习南方宣纸技术而创制的。经过长时间的发展，在不断借鉴其他地区造纸工艺的基础上，迁安最终形成毛头纸、红辛纸和书画纸三足鼎立的格局，展示了旺盛的生命力。

迁安手工纸品质优良，不仅行销京津和华北、东北各省，并出口到东亚等地，奠定了迁安地区在手工造纸领域的显著地位。迁安手工造纸作坊曾多达830余家，形成了诸多以造纸为业的村落，它们曾是迁安造纸业繁盛的见证。

遗憾的是，近年来由于受到机制纸的冲击，手工纸的社会需求量下降，生产规模随之萎缩。目前迁安仍然生产的造纸作坊已屈指可数，毛头纸由于使用范围的局限，现状最为堪忧。只有省庄、庞庄和石新庄等地还有零星生产毛头纸的人家①，李姑店地区有数家生产红辛纸和书画纸的作坊，如图1所示。手工造纸开始逐渐淡出人们的生活。

迁安毛头纸的记载，散见于文人笔记以及地方志资料。清笔记小说《蜨阶外史》，其中专设桑皮纸一节，介绍了河北地区桑皮纸的制造方法：

> 永平之地多老桑，居人植此为业，而育蚕者颇少。大者蔽牛中车，材柔条脆干摧为薪，叶霜后采入药能明目。而其利尤在皮，剥之，劚之，揉之，舂之成屑，焙釜中令热。拓石塘方广数尺，浸以水，调以汁如胶漆。制纸者，刳木为范，罨虾须帘，双手持范，漉塘中去水存性，复置石板上，时揭而曝之，即成纸矣。今永平一带，如迁安纸寨、泺州何家庄为尤多。贫民操作甚苦，而获利微尠。②

---

① 据2009年田野调查，当时省庄有两户人家，庞庄和石新庄各有一户人家从事毛头纸生产。

② （清）佚名：《蜨阶外史》（卷四），载《广陵书社编笔记小说大观》（二编），广陵书社2007年版，第727页。

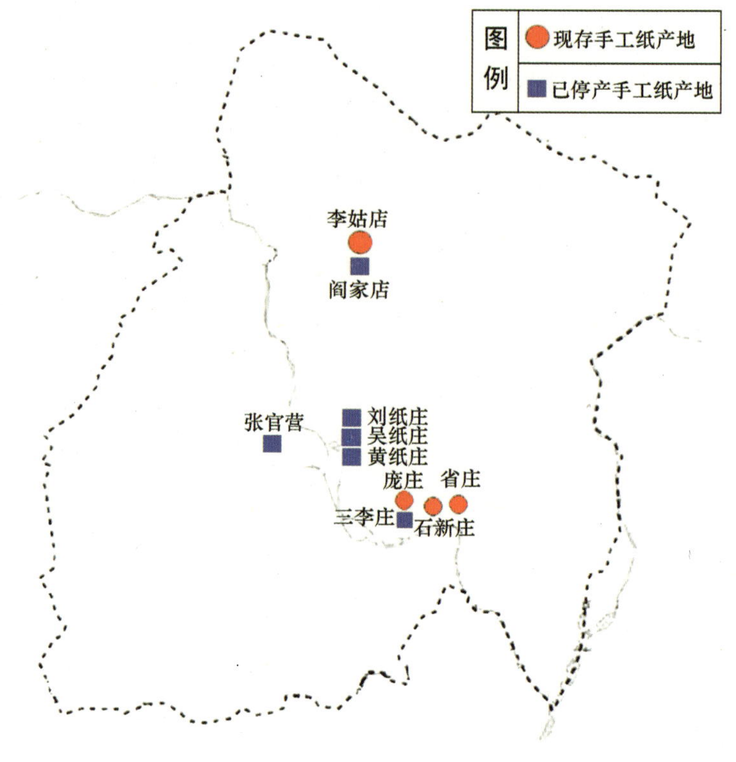

图 1　迁安手工造纸分布图

这是关于迁安手工纸工艺较为详细的记载。清代编纂的《永平府志》① 也将迁安桑皮纸作为地方特产加以记述。民国年间的《迁安县志》记载：“邑向产毛头纸，用桑皮为料，石灰沤之，然后缫之为纸，名曰毛头，为邑产大宗。”② 虽然文字简略，但包含了原料、工艺等信息，并明确提到“毛头纸”这一名称。20 世纪 30 年代由王际宪撰写的《河北省乡村手工造纸业之概况》③，也对迁安地区手工造纸业进行重点介绍。

从 20 世纪 70 年代开始，对迁安手工造纸发展史的研究增多。李健民④、张秀兰⑤、马咏春⑥、尹小燕⑦等人都有相关成果发表，但对于造纸工艺等内容涉

① （清）游智开修，史梦兰纂：《永平府志》（卷二十五），光绪五年（1879）刻本。

② （民国）滕绍周修，王维贤纂：《迁安县志》（卷十八），民国二十年（1931）铅印本。

③ 王际宪：《河北省乡村手工造纸业之概况》，《民间》1934 年第 1 卷第 16 期，第 7—10 页。

④ 李健民、马咏春：《迁安造纸史话》，《河北文艺》1979 年第 11 期，第 72—74 页。

⑤ 张秀兰：《迁安的民间造纸》，载河北省委员会文史资料研究委员会编《河北文史资料选辑》（第 7 辑），河北人民出版社 1982 年版，第 83—84 页。

⑥ 马咏春：《迁安造纸业的发展》，载河北省委员会文史资料研究委员会编《河北文史资料选辑》（第 16 辑），河北人民出版社 1985 年版，第 180—189 页。

⑦ 尹小燕：《迁安桑皮纸的历史考证》，载迁安县委员会文史资料委员会编《迁安文史资料》（第 8 辑），1995 年，第 212—213 页。

及较少。马咏春1985年发表的《迁安造纸考察散记》①，系统介绍了造纸工具设备和工艺技术，是研究迁安手工造纸的重要资料。

二　毛头纸生产工艺调查

经过数百年的发展，毛头纸已经形成自身独特的工艺流程，能够体现当地手工造纸工艺特点。传统毛头纸生产以桑皮为原料，处理工艺复杂，过程烦琐，为更准确地了解毛头纸工艺相关情况，笔者在文献整理的基础上，分别于2009年1月、2009年8月和2010年2月数次前往迁安当地进行田野调查。根据调查资料，结合前人的调查成果②，可以将毛头纸工艺大体分为备料、制浆、抄纸、晒纸四个阶段。

（一）备料

传统的毛头纸是以桑皮为原料，备料阶段主要包括砍条、解豁子、串皮、泡皮、沤皮、蒸皮、碇皮、化皮以及晒瓤子等步骤。这种处理是为了去除黑皮等杂质，提取桑皮的韧皮部分的纤维。

1. 砍条

不同地区在生产皮纸过程中，砍条时间也不尽相同，主要分为春季和秋末冬初两个时段。前者所采原料称为春皮，后者称为冬皮。春皮较嫩，皮内所含水分较多，砍条之后可以直接剥皮；冬皮相对较干，砍条之后须首先进行蒸煮，之后才能将皮剥下。由于冬皮在处理过程中多了一道蒸煮环节，因此冬皮相比于春皮颜色更白。调查中得知，迁安地区使用冬皮进行造纸。

养蚕者在秋末冬初时将桑条砍下，直接放入蒸皮锅内蒸煮，再进行剥皮。之后将剥下的桑皮晒干，造纸户直接购买这种晒干的桑皮。

2. 解豁子

造纸户购买桑皮之后，将成捆的桑皮一一解开，进行细心挑拣，以便去除混杂其中的树枝等杂物，再将桑皮平铺在空地之上。

3. 串皮

串皮时使用的碌碡是一种石制农具，近似圆柱体，但一头略粗，适宜绕一个中心旋转。串皮时用驴拉着碌碡对铺在地面上的桑皮不断加以碾压，以去除桑皮上的黑皮。这一步骤也可以采用石碾。

---

① 马咏春：《迁安造纸考察散记》，《纸史研究》1985年第1期，第63—69页。
② 同上。

4. 泡皮

将已经去掉黑皮的桑皮放在河水里浸泡两天，将残留的黑皮碎屑洗净，并将桑皮泡软。

5. 沤皮

沤皮时需要把泡好的桑皮放进沤皮瓮中。沤皮瓮是在地下挖一个深坑，然后里面沿坑壁用砖砌成。放桑皮的时候要逐层撒上生石灰，并加入水，将桑皮浸没。桑皮和石灰的比例约为二比一。大约沤一天左右，使桑皮变软，然后用钩子捞出。

6. 蒸皮

专门的蒸皮锅形制比普通锅大，蒸皮时将沤好的桑皮直接放入锅内，并用特制的大锅盖盖上，还要用老皮堵住边缘避免漏气，以保证蒸皮的效果。蒸皮大约耗时一小时。

7. 砭皮

将蒸好的桑皮从锅内捞出，然后用脚踩踏或者用石碾碾压，去掉残余的黑皮。

8. 化皮

将处理好的桑皮放入流动的河水中冲泡两天两夜，将残余的石灰洗净。河边有专门用来化皮的水池，称为场子。

9. 晒瓤子

将化好的桑皮放在阳光下晾晒，直至彻底晒干，干燥后的桑皮称为“瓤子”。彻底干燥的瓤子不易腐败，可持久保存，造纸户通常将瓤子放入仓库中储存，随用随取。

（二）制浆

制浆阶段包括砸碓、切皮、捶捣等步骤，其主要目的是将桑皮纤维加以分散。纤维越分散其抄出的纸张就越细腻，因此这一步骤是决定纸张质量的关键。

1. 砸碓

传统毛头纸生产中所采用的是脚碓，碓头由枣木制成，碓头下平置一块光滑的石板。砸碓之前须把干瓤子在清水里泡软，并卷成卷儿压干，形成“饼子”。操作时一人用脚踩碓杆，带动碓头上下运动，另一人将饼子置于石板之上，并不断移动。最终将饼子砸成长条，称为“皮条”。

2. 切皮

切皮时的主要工具是切皮床子和切皮刀。切皮床子是长条形木板，板面窄而厚。切皮刀的刀身较长，两侧各有一柄，但只有一侧的刀柄上有木质柄套。

切皮时将皮条叠码在切皮床子上，皮条上放一块长板，再用一只脚踩绳套，勒紧长板。然后双手操刀，把皮条切成小块。

3. 捶捣

将切碎的桑皮放入石槽中，加少量水，由两人各握一捣槌加以捶捣。石槽由一整块石料制成，形制不一，有的上宽下窄，有的则上下同宽。捣槌为枣木所制，槌头为长方形，两个槌头的大小近似于石槽底的内表面积，因此两人交错捶捣可以保证石槽中的桑皮得到充分分散。

目前，迁安毛头纸备料、制浆工艺发生了明显变化。为了降低成本，造纸户开始在造纸原料中加入废纸边、麻绳等，使桑皮含量明显降低。① 这不仅影响了纸张质量，也使得原本针对桑皮原料的一系列备料、制浆工艺趋于简化。另外，为降低劳动强度，生产过程中开始引入现代化机械设备。打浆机（见图2）的使用取代了传统的脚碓、石槽等工具，以至于目前在迁安当地，很难再看到传统的砸碓、捶捣等工艺。

毛头纸造纸原料以及生产工艺的改变，严重影响了纸张的质量，消磨了毛头纸原有的优点和特性，同时也损害了其作为北方手工纸的代表所具有的独特工艺价值。

（三）抄纸

抄纸工序主要包括打硐、抄纸、压纸等步骤。抄纸对技术要求比较高，能否形成均匀的纸张在很大程度上取决于抄纸人的技术，抄纸是整个手工造纸工艺的关键环节。抄纸阶段的工具主要包括纸硐（见图3）、纸帘（见图4）等。

纸硐低于地面，先在地下挖一个长方形坑，然后砌上石板，四壁各两块、底部三块，接缝用石灰抹平。硐的一侧有一个小型的抄纸坑，深度在1米左右，以供工人站在其中抄纸。在硐的旁边还有一块用来放湿纸的石板，称为抄案。

图2　打浆机

2009年1月　迁安省庄

① 根据实地调查得知，毛头纸原料中桑皮的含量已下降至40%，更有造纸户甚至全部使用纸边和麻袋做原料，彻底取代桑皮。

图3　纸硐

2009年8月　迁安石新庄

图4　纸帘

2009年1月　迁安省庄

传统毛头纸工艺采用床架式纸帘，主要由帘床和竹帘两部分组成。帘床由红松木或梨木打制，竹帘由细竹条编成。从形制分，可分为一九纸纸帘和呈文纸纸帘两种。前者较窄而长，其竹帘中间有一块布条，使纸浆无法停留，因此一次可以同时抄两张小纸。后者略宽而短，中间没有布条分隔，一次抄一张纸。

1. 打硐

将经过捶捣的原料放入纸硐中，用一根长1米左右、比手指略粗的白蜡杆在纸硐中左右划打，使纤维充分分散，保证纸硐内纸浆的均匀程度。

2. 抄纸

抄纸（见图5）时用帘床托住竹帘，两侧各用一根木条夹住。该木条称为镊尺，用于固定竹帘。再将纸帘斜插入纸浆中，然后水平抬起，在水面处将纸帘前后轻轻晃动几次，然后将其再次斜插入水中，重复上述动作。经过两次入水，纤维能够比较均匀地分布在纸帘上。这样抄出的纸张，有一条边纤维沉淀较多、比较厚，称为“觅头”。抄好一张纸之后，可以将帘床搭放在硐内的横杆和笼上，然后将纸帘两侧的镊尺取下放于帘床之上。右手持竹帘一端的横杆将其倒扣在抄案上。然后从觅头处将竹帘慢慢提起，使湿纸和竹帘分离。之后将竹帘放回帘床，继续抄下一张纸。这样的工序，抄一张纸大概需要一分钟。

3. 压纸

压纸（见图6）的工具是千斤桩和梯杆。千斤桩位于抄案后面，是一个嵌入墙壁内的木石混装的十字架。而梯杆则类似普通的梯子，由枣木制成。压纸时在纸托子上加垫木，再将梯杆插进千斤桩内，压在垫木上，梯杆另一端再压上数块石板。石板总重七八百斤，压纸需要一夜的时间。

图 5　抄纸工艺
2009 年 8 月　迁安庞庄

图 6　压纸工艺
2009 年 1 月　迁安省庄

（四）晒纸

晒纸（见图 7）工序主要包括晒纸、整理等步骤，是最后的处理工序。经过这一阶段毛头纸的制作就彻底完成。

1. 晒纸

将压干的纸托子放在立式晒纸架上，然后将湿纸揭下贴在晒纸墙上，再用晒纸笤帚将其刷平。晒纸的时候纸张相互交错叠压贴在一起，借助日光晒干，天气好时半天即可。

图 7　晒纸工艺
2009 年 8 月　迁安庞庄

2. 整理

纸张晒好后，一张张揭下，每 100 张纸为一刀。纸张不需要裁边，四周毛糙，这也是“毛头纸”一名的由来。毛头纸曾经广泛应用于书写、裱糊、包装等方面，现在使用范围则主要局限于包装等。①

三　工艺特点

概括而言，迁安传统毛头纸生产工艺以桑皮为原料，在备料制浆阶段，采用石碾、碌碡、石槽、脚碓等工具，去除黑皮等杂质，并使桑皮纤维得到充分分散；抄纸阶段，采用地坑式的抄纸槽、床架式纸帘进行抄纸；晒纸阶段利用日光自然

① 根据调查了解，目前毛头纸除了作为包装纸之外，还用来制作戏曲道具，质量较好的毛头纸则销往医院，用于杀菌。

晒干。传统毛头纸工艺所用工具较为简易，操作繁复，劳动强度大，带有一定的原始要素。相比于借鉴其他地区造纸技术而出现的红辛纸、书画纸生产工艺，迁安毛头纸工艺带有显著的北方手工纸的特征，特别是抄纸、晒纸两个环节。

（一）抄纸工艺

1. 纸槽形制

如前文所述，迁安毛头纸生产中所使用的纸硐位于地下，即地坑式抄纸槽。这种形制的纸槽，仅见于北方地区，是北方手工纸工艺区别于其他造纸工艺的重要标志。地坑式的抄纸槽只能生产单人抄的小纸，限制了纸张的幅度，属于纸槽发展的中间阶段，尚未完全成熟。

相比之下，南方地区多采用高于地面的抄纸槽，便于工人活动，可以允许两人同时抄造大纸，满足高级书画用纸的需要。迁安红辛纸、书画纸工艺由于是借鉴朝鲜以及南方地区造纸术而产生的，使用的是高于地面的抄纸槽。因此，迁安毛头纸生产工艺，最能体现迁安当地传统造纸工艺特点。

2. 纸帘

毛头纸生产工艺中所使用的是床架式纸帘，竹帘可以与帘床分离，便于湿纸的转移。床架式纸帘的产生，极大地提高了抄纸效率，是造纸工艺的一次飞跃，也是目前我国应用最广泛的纸帘类型。迁安地区所使用的纸帘，相比于南方，尺寸更小，形制较为单一，以单人手端帘为主，是北方常见的纸帘类型。

除形制之外，迁安毛头纸纸帘的制作工艺也较为独特。纸帘竹丝相对较粗，直径一般在1.0毫米至1.3毫米之间。在剖好竹丝之后，先将热油浇到竹丝上或者将竹丝放入油锅中炸，等晾干后再用马尾将竹丝编织在一起。迁安红辛纸、书画纸所采用的纸帘则是南方地区普遍使用的双人扛帘，不仅纸帘尺寸更大，而且竹丝较细，使用丝线进行编帘。纸帘编织好以后，在纸帘的正反两面涂刷大漆，再用炭火将漆烤干，与北方纸帘制作工艺存在明显差别。

（二）晒纸工艺

晒纸是造纸的最后一道重要工序，直接影响到纸张的平滑程度和成纸率的高低。有自然晒干、火力烘干、阴干等多种方法，不同地区所采用的方法也不尽相同。迁安地区采用自然干燥的晒纸方法，是北方地区手工造纸工艺的标志之一。

采用晒纸墙（见图8）进行晒纸的方法由来已久，唐代皇甫枚的《三水小牍》中有关于河北地区纸坊晒纸情况的记载：“唐文德戊申岁，钜鹿郡南和县街北有纸坊，长垣悉曝纸。忽有旋风自西来，卷壁纸略尽，直上穿云，如飞雪焉。”① 其中

① （唐）皇甫枚：《三水小牍》，中华书局1958年版，第4页。

所提到的“长垣”就是指专门用来晒纸的晒纸墙。这类晒纸墙通常需要较为宽敞的场地，为满足纸坊晒纸的需要，一般会并排设有数堵晒纸墙。这种晒纸墙早期为土坯墙，后由砖石垒成，两侧均要涂石灰，以保证墙面平滑。为了避免沙尘和雨淋，有的晒纸墙顶部还会搭放秸秆，形成顶棚。这类晒纸墙在迁安地区的纸坊中仍在使用。

自然晒干的方法，得益于北方晴朗干燥的气候，潮湿多雨的南方地区则通常使用火焙。另外，北方手工纸坊规模普遍较小，采用自然晒干的方法免除了燃料的成本，适合小规模经营的纸坊。因此，这种独特的晒纸墙形式，在迁安地区得以保留至今。

图 8　晒纸墙

2009 年 1 月　迁安省庄

通过对迁安毛头纸工艺特点进行梳理可以发现，相比于南方成熟的竹纸工艺，毛头纸工艺在所选工具和制作方法上均具有一定的局限性，并没有发展到手工造纸技术的最高阶段，体现了北方地区传统造纸工艺的原始性。这一点在早期文献记载中也有所体现。

图 9、图 10 出自《中华造纸艺术画谱》（*Art de faire le papier à la Chine*）①，此书是根据乾隆时法国耶稣会士蒋友仁（Michel Benoist）在中国的记录资料编辑而成的，出版于 1775 年。《抄毛头纸》一图中的纸槽为地坑式抄纸槽，两位工人正在用单人手端帘进行抄纸；《京都抄纸》一图描绘的是两位晒纸工人将湿纸刷贴上墙。这两幅图所反映的形态，与目前迁安毛头纸生产工艺极为相似。

以迁安毛头纸为代表的北方传统造纸工艺，保留了许多原始要素，这是由多方面原因导致的。

其一，受北方地区气候影响。北方冬季气候寒冷，如若纸槽位于地面以上，冬季时纸浆容易结冰，无法抄纸，而这种地坑式的抄纸槽则有效地避免了这一问题。北方手工造纸作为一种农村副业，须利用冬季农闲时间进行生产，保证纸浆冬季不结冰十分重要。地坑式抄纸槽能保留下来，与其很好地适应了北方地区的气候环境密不可分。

其二，由产品定位决定。宋元时期，造纸中心南移之后，北方手工纸便开始向着粗放化的趋势发展。产品主要作为日常生活用纸，不需要太大尺幅，对

① ［法］蒋友仁（Michel Benoist）：《中华造纸艺术画谱》（*Art de faire le papier à la Chine*），1775 年。

纸张质量要求也不高。因此改革动力不足，使得小型单人手端帘、自然晒干的晒纸方法等相对原始的工具和方法得以保存至今。

图9　抄毛头纸

《中华造纸艺术画谱（1775年）》

图10　京都抄纸

《中华造纸艺术画谱（1775年）》

四　保护策略

与北方许多手工纸产地类似，迁安毛头纸生产也面临着一系列的难题。现代机械设备引入，传统工艺退化，进而导致相关造纸工具制作技艺失传，降低了毛头纸的工艺价值。此外，由于市场需求减少，经济效益低廉，造纸工人流失严重。目前仍在进行造纸的多为中老年人，① 年轻人不愿从事造纸，手工造纸业面临后继无人的困境。上述种种问题都严重制约着迁安手工造纸业的发展，保护工作迫在眉睫。

相比于北方其他造纸产地，迁安地区的特殊之处在于形成了毛头纸、红辛纸、书画纸三种工艺并存的格局。毛头纸是典型的北方手工造纸工艺，是适应当地自然环境的结果，带有显著的地域特征。红辛纸和书画纸生产工艺，都是

① 根据2009年调查情况了解，当时迁安当地从事毛头纸生产的人员，最年轻者47岁，最年长者81岁。

在借鉴其他地区造纸技术的基础上，结合当地特点发展而成的，是不同区域间造纸技术交流的产物。不同的工艺体系在迁安地区并存，生动地体现了传统手工造纸工艺的多样性。这种多样性，正是迁安手工造纸工艺生命力的体现。因此，对于毛头纸工艺的保护，不能脱离迁安手工造纸业，应从全局出发。

目前，对迁安手工纸的资料性保护工作已顺利开展。当地已对其进行实地调查和资料收集工作。在迁安博物馆内还设有展柜，专门陈列从当地收集而来的造纸工具，并采用壁画和模型的方式，对迁安手工纸工艺进行展示（见图 11）。

但这种传统的展示方式是静止的，并且没有对毛头纸、红辛纸、书画纸三者进行有效区分，不能够充分反映迁安手工纸的多样性。对于造纸等手工技艺，采用动态的展示方式，比传统陈列效果更为理想。

图 11　迁安博物馆造纸工具陈列

具体而言，可以建立迁安手工纸展示园区，对传统毛头纸工艺进行恢复，并与红辛纸、书画纸工艺一起集中演示。这种工艺恢复对于毛头纸的保护，至关重要。现代机械的引入已经在很大程度上削弱了其工艺的独特性，及时进行工艺恢复，是保存其工艺价值的关键。此外，毛头纸、红辛纸、书画纸分属不同的工艺体系，体现了造纸技术不同发展阶段的形态，各具特点。集中演示的方法可以使参观者更加直观地了解三者的区别与演化，加深对迁安手工造纸工艺多样性的理解，增进对我国传统手工造纸工艺演变的认识。

但需要警惕的是，不能将这种展示简化为程式化的表演，这也是传统手工纸保护普遍面临的问题。表演性强的部分（如抄纸）常常被保留、夸大，而慢工细活式的部分（如原料处理）则被省略。手工纸看似找到了出路，实际上保留的是“花拳绣腿”，这种诱导的结果客观上加速了真正的传统工艺的消失。①

不论何种方式的工艺演示都不等同于手工纸生产，演示注重的是工艺过程的表演性，因此对产品本身并不关注。真正的抄纸生产则恰恰相反，着眼点在于产品。为改善产品，会不断对工艺进行调整、改革，促进工艺的持续发展。这也是传统工艺的生命力之所在。因此，在关注手工纸工艺的同时，也要注重产品的开发。

---

① 陈刚：《传统造纸工艺的科学研究与保护》，载中国文化遗产研究院《文化遗产保护科技发展国际研讨会论文集：中国文物研究所成立七十周年纪念》，科学出版社 2007 年版，第 198—202 页。

毛头纸、红辛纸、书画纸三者各具特色，产品开发的模式也应有所不同。就毛头纸而言，长期以来产品定位比较低，以生产日常生活用纸为主，价格低廉。随着生活方式的转变，社会需求不断降低，致使其生存空间萎缩。因此，在对传统工艺进行恢复的基础上，可以开发工艺品等，增加产品附加值。由于目前市场上对传统手工纸的需求主要集中在书画以及文物修复用纸方面。红辛纸、书画纸生产，应抓住这一契机，对技术进行改良，改善产品质量，以满足市场需求。

迁安手工纸展示园区的建立，不能仅仅停留在展示的层面，应根据不同的发展方向，建立不同的手工纸生产流水线。毛头纸生产线重点在于恢复传统手工造纸技艺，并出品手工纸工艺品。红辛纸、书画纸生产线则侧重工艺改良，生产高质量的文化用纸，满足书画、文物修复之需。展示园区应做到在向观众展示造纸工艺、唤起民众保护意识的同时，进行产品的改良和推广，打开销售市场。

迁安地区手工造纸工艺的多样性，决定了对迁安手工造纸业应进行多元保护。既需要强调其作为非物质文化遗产的价值，保存其所承载的历史信息；也需要借鉴现代工艺，进行适当改良，开发产品的实用价值，适应市场需求。最终将迁安地区打造成北方传统手工造纸工艺传承和保护的中心，使迁安手工纸实现持久发展。

四川甘孜藏区传统村落保护的调查与思考*

陈光军**

摘　要：甘孜藏区历史悠久，文化底蕴深厚，在这片高原峡谷间散落着不少传统村落。但在保护方面存在问题较多，如传统建筑风貌破坏严重，保护基础薄弱；传统农牧经济逐步瓦解，保护主体流失等，因此要提高认识，增强保护意识；深入调查，强化规划引领；突出重点，注重有效保护；落实措施，鼓励积极探索；加大投入，加强保障力度。

关键词：甘孜藏区　传统村落　调查与思考

传统村落是指在长期的农牧文明传承过程中逐步形成的，具有较长的历史沿革，以及地理选址、建筑环境、建筑布局、风貌特征等特色明显，并保留有独特民俗民风的村落。但是，随着时代的变迁，城市的扩张，我国的传统村落面临着被破坏甚至消亡的压力。近几年来，社会各界加强古村落保护的呼声日益高涨。2012 年 4 月，住房和城乡建设部、文化部等“四部委”联合发文，开展全国传统村落调查工作。2014 年“中央一号文件”明确提出，要“制定传统

---

* 本文系四川省教育厅重点项目“藏区和谐文化生态构建研究”及四川省高等学校人文社会科学重点研究基地——农村社区治理研究中心 2014 年度重点项目“后发型农村社区发展机制与社区建设路径研究”（项目编号：SQZL2014A01）的研究成果。

** ［作者简介］陈光军，四川民族学院康巴发展研究中心副教授。

村落保护发展规划，抓紧把有历史文化价值的传统村落和民居列入名录，切实加大投入和保护力度”①。甘孜藏区历史悠久，文化底蕴深厚，在这片高原峡谷间散落着不少传统村落。在城镇化快速发展的大背景下，如何传承与保护传统村落这一珍贵的历史文化遗产，发掘与利用传统村落的潜在价值，是一个值得深入思考和积极探索的现实课题。② 本文基于对甘孜藏区传统村落的现状调查结果和当前实际，试就甘孜藏区传统村落保护问题作一些分析研究，并针对存在的主要问题提出若干建议。

一 甘孜藏区传统村落保护工作现状

（一）村落分布情况

四川省甘孜藏族自治州行政区域面积15.26万平方公里，现有行政村2679个，包含自然村4580个。城镇建成区内76.61%的村庄和城镇建成区外72.01%的村庄，分布在东部的高山峡谷地区，而西部丘状高原及高山深谷区山区地带居民点只占小部分，村庄分布呈现“东密西疏”的态势。

随着城市的扩张、工业的发展和新农村建设进程的加快，大批农牧民进城经商务工，传统农牧劳作与起居生活依附于草地和山、水、林地等自然禀赋资源的特性逐渐消失，中东部的村庄建设基本上已接近“现代化”，多数地方呈现“千村一面”的风格形态。而发展相对落后的西部高原及高山深谷区山区，在建设大潮中被动地保留了一些存有地方特色的传统村落，但村落的“老龄化”“空心村”现象也较为严重。近几年，年轻人在外赚钱后回乡新建的房子渐渐增多，穿插其中，在一定程度上破坏了原来的建筑风貌。

因此，目前甘孜藏区乡土建筑有特色、风貌保存完整，并且具有历史文化底蕴的村落已经越来越少。整体基本符合条件的，如雅拉乡的司通坝村、呷巴乡的立曲村，但规模偏小；有些则仅仅是行政村中的一部分建筑保存完好，整体规模更小，建筑年久失修，少有人居住，如时济乡的大坝村、朋布西乡的西沙卡村、塔公乡的八郎生都村等。

（二）传统村落调查与申报

根据上级相关部署和要求，2012年5月，为全面掌握传统村落的类型、数量、地理分布及现状条件，国家有关部委结合村庄规划建设，对全国有一定规模的保存较为完好的村落进行了调查甄选。通过传统建筑风貌完整、选址和格

---

① 白舒婕：《城乡一体共享成果》，《新农村商报》2014年1月29日第A13版。

② 无锡市政协：《传统村落保护发展工作任重道远》，《人民政协报》2014年2月7日第4版。

局保持传统特色、拥有非物质文化遗产资源活态传承以及当地村民参与的积极性情况的对比，[①] 最后得荣县子庚乡巴子斯热村，炉霍县更知乡修贡村和泥巴乡古西村、新都镇七湾村以及丹巴县梭坡乡莫洛村被列入第一批中国传统村落名录。

甘孜州乡城县中的尔宫村破坏得较为严重，同时缺少申报经验，在第一次全国传统村落筛选中，没有被选上。2013 年，甘孜州乡城县尔宫村对该村进行传统建筑和一些非物质文化遗产的深度挖掘，完善了申报资料，于当年 9 月初被列入"第二批中国传统村落"，成为全国 1561 个受保护的传统村落之一。2014 年 11 月 27 日，乡城县尼斯乡马色村、稻城县香格里拉镇亚丁村、稻城县赤土乡仲堆村、得荣县瓦卡镇阿洛贡村，经过与当地政府和当地村衔接沟通，作为第三批试点村，已经上报申请入选了"第三批中国传统村落"。

（三）传统村落保护现状

炉霍县更知乡修贡村被列入"中国传统村落"名录后，保护工作其实才刚刚开始，目前各项工作正有条不紊地按计划开展。

一是完成建档。根据住建部《关于做好 2013 年中国传统村落保护发展工作的通知》（建村〔2013〕102 号）要求，目前该村已建立了中国传统村落档案，以图文对应的方式，对村域环境、村落选址和格局、传统建筑、历史环境要素和非物质文化以及文献资料，都进行了详细的调查登记，上报住建部。

二是编制保护规划。根据住建部《传统村落保护发展规划编制基本要求（试行）》（建村〔2013〕130 号），由炉霍县委、县政府编制完成了《传统村落发展保护规划》。该规划包含了保护对象认定、特征分析与价值评估、保护区划划定、保护管控规定和保护措施、保护项目、资金估算及分期实施计划、人居环境改善项目与资金估算及分期实施计划等内容，经过住建部专家审查及现场踏勘后，已经按要求完善并上报住建部。

三是启动修缮整治。住建部等"四部委"初步确定了三年投入 100 多亿元的总体部署，按照轻重缓急的原则及前期准备情况，2014 年先启动 650 个左右村落保护工作，2015—2016 年视工作进展情况分年支持一批。[②]

修贡村从传统建筑、历史要素、公共设施等方面拟定了保护项目的实施方案，并取得县财政部门的大力支持，上报住建部后，已列入第一批中央财政保护资金补助村落名单，为全国 327 个第一批纳入中央财政支持的传统村落之一。

---

① 三部门出台《关于加强传统村落保护发展工作的指导意见》，《城市规划通讯》2012 年第 24 期，第 6 页。

② 韩洁、高立：《中央财政未来三年投百余亿元保护传统村落》，《中华建筑报》2014 年 5 月 6 日第 3 版。

但是，由于2013年10月5日村内最具有代表性的12.5间传统建筑在火灾中被烧，房屋重建成了燃眉之急。目前，在乡政府的牵头协调下，已按当地村落传统的肌理，本着“重现建筑传统结构风貌，力求完整保存传统村落的历史信息和历史韵味”的原则，设计了重建房屋施工图纸，正在重建施工中。

二　甘孜藏区传统村落保护存在的问题

由于受经济社会发展和村民生产生活方式转型等多方面因素影响，甘孜藏区传统村落保护存在问题较多。从调查了解情况分析，主要有以下几方面问题。

（一）传统建筑风貌破坏严重，保护基础薄弱

甘孜藏区地处藏彝走廊，传统建筑基本形式是石木、木、泥木、混合、纺织等五大类型2—3层的楼房，按其结构承重来划分，为窝棚式、井干式和碉房式三大类型系统，典型的有以北部道孚为代表的“崩科”式建筑，以东部丹巴为代表的“碉楼山寨”建筑，以南部乡城为代表的“白色藏房”建筑，有些家族建房会形成四合院式围合。东部山区由于建设用地偏少，房屋形式以此为基础稍有变化，选址通常因地制宜，临溪而居，建筑就地取材，多数房屋垒石为基、架木为房，覆以汉式小青瓦，错落有致，与高山、峡谷、古树、古道相映成趣，宛如一幅栩栩如生的人文生态画卷。但是，随着生活水平逐步提高，村民思想观念逐步发生变化，对安防消防和居住品质的要求不断提高，群众新建住房或更新住房的需求不断增强，房屋建筑形态出现了跨越式改变，砖混结构和排式房屋成为主流追求，房屋层高不断增加，开间不断增阔，有些地区的三层房屋实际高度竟然已经达到了五六层高。如梭坡乡莫洛村碉楼，总建筑面积2.2万平方米，算上坍塌的无人居住房屋，共有传统建筑1.3万平方米，传统建筑占房屋总量的60.8%，刚好符合国家“四部委”确定的传统村落评定标准要求。时济乡的大坝村，虽然现状还好，但十年间变化实在令人痛心。全村建筑总面积仅2万余平方米，新建砖混房屋占了近一半，村庄规划编了两次，却因为邻里建筑无法拆除或土地取得不易，习惯性地在老宅基地上重建，建房随意性较大，新旧混杂，村落面貌大打折扣。

（二）传统农牧经济逐步瓦解，保护主体流失

传统村落所在地区一般经济发展相对落后，村民家庭经济收入主要依赖外出打工。长期外出务工人员增多，村民对土地的依赖程度进一步减弱，耕地抛荒弃种等情况增多，传统牧业或者家庭小手工业急剧减少，以往自给自足的肉食以及生产生活用品等，现在主要靠外来输入供应。下一辈村民则考虑孩子就学等原因，基本上都想方设法移居到城区或近郊。村落的生产生活方式和家庭结构发生了重大转变，保护村落的主体流失严重，导致传统建筑无人维护，传统文化无人传承，空巢现象、“留守老人”等已成为普遍情况。在司通坝村做基础调研时，当地有非常精彩的神话故事、草编竹编和糕点制作手艺，但是给调研人员重现技艺的，基本上是一些60岁以上的老人。

（三）群众对传统村落稀缺性认识不足，保护动力缺乏

近几年，随着交通条件改善和外部劳务输出增多，人口流动性增强，受外来文化和外部商业观念的影响也进一步加剧，村民商品经济意识进一步增强，商业诉求成为第一选择。老百姓看不到保护带来的直接、现实和更多的利益，因而缺乏保护的主观能动性。如梭坡乡莫洛村等，由于得天独厚的自然旅游资源，早几年就得到较好的开发，开农家饭庄、办民宿成了百姓首选。因此，在制定布袋坑村核心区火灾房屋重建时，当时曾经考虑过一种方案，就是把原址人口迁到新区居住，旧址按原样恢复木结构房屋后集体经营。但该方案没有明确量化的权益分配思路，加上原址地段优良，营利前景看好，原居住百姓不愿搬迁，只好就地重建，由每家每户按自身计划中的经营需求“量身定做”建设，只能尽量在风貌上做到协调。另外，有些百姓虽然支持保护工作，但他们并不愿回到旧的生活方式里去。如在修贡村火灾房屋重建过程中，一位90多岁的老阿婆，称自己一生经历三次火灾，再也不愿住木房子，当听到要拆除她刚开建的砖瓦房，建成原来样式的木结构房屋时，当场痛哭流涕，拦住工作人员不停地恳求让她建砖瓦房。

（四）保护投资机制单一，保障经费不足

传统村落的保护是一项非常耗费资金的工程，往往修缮一幢老房子所需的资金远比新建一幢等面积的新房屋花费多得多。目前，甘孜藏区村落保护资金基本上靠政府补贴和户主自筹。由于缺乏专项资金和项目扶持，很多独具特色的民居和公共建筑得不到应有的及时修缮和保护，出现了严重破损，甚至存在安全隐患；群众在参与传统村落保护建设工作中也没有信心，传统村落保护建设面临窘境。如朋布西乡的西沙卡村，该村原先有好几幢工艺形式都非常好的藏式建筑，但因年久失修，少有人居住，已经逐渐崩坍，不得不全部拆除，调整规划新建砖瓦房；塔公乡的八郎生都村也尚有十几幢破败旧房子需要整修，总共50余间，按10万元一间计算，预计至少要500万元。即使中央资金到位，最多300万元，省、市没有配套资金下拨，仅靠县级财政支持，也只能有几百万，差不多仅够修房子，更不要提其他基础设施改造了。而修缮的资金如果要自筹，在目前的情况下，要老百姓自掏腰包花“巨资”整修“不见前景”的老房子，基本上是不可能的。

（五）专业技术人员和传统工匠稀缺，保护力量不强

传统村落保护，特别是传统建筑保护涉及方方面面的专业知识，从格局景观到经济活动、历史沿革、社会制度等，需要各项专业知识融会贯通。政府层面的管理人员，主要是村镇规划部门牵头，文广新局和财政参与，当地乡镇政府与当地村主要负责实施。但是，由于现在缺乏专业人员和专业知识指导，没有哪一个部门的人员能确定风貌的协调该到哪个程度才是恰到好处，村落的保护运行该采用哪种模式才是可持续的，这些都没有一个确定的标准答案，政府的工作指导和村里的投入都是探索性的，目前的所作所为只是摸着石头过河。因此，就会出现具体整修保护行为无统一规范标准、盲目进行的情况。如为了做好基础设施建设，把原先的石头路换成旧石板；为了仿古，把原先的木墙敲掉装个石窗，而效果往往适得其反。

另外，目前各地建房一般都会使用新材料新工艺，传统工匠要么年老要么改行，一些传统建筑的修缮按照修旧如旧原则需要采用老工艺，却很难找到合适的施工人员，即使有也是成本昂贵。修贡村火灾房重建，本想使用小青砖砌墙，但是清水墙砌筑对砖块排列与嵌缝要求颇高，如果做得不好，外观不仅难看，还很容易导致房屋渗漏水，影响居住品质；再者，手工砌墙比一般墙体砌筑费时费力，工时起码差一半，要负担一天250—300元的工钱，对于恨不得一天砌好三堵墙的百姓来说，实在难以接受。因此，最后经过商量，为了保证百姓的居住质量，还是决定采用小青砖贴面的施工方式。

三　加强甘孜藏区传统村落保护的对策与建议

传统村落保护既是一项旧工作，也是一个新命题，一个关系传统文化保护和传承的大命题。这项工作的全面启动，无疑将会对保护和传承传统文化有着重大作用与深远意义。结合当前实际，加强传统村落保护，我们认为亟须做好以下几方面工作：

（一）提高认识，增强保护意识

传统村落承载着丰富的历史信息，体现着农村的魅力与特色，是甘孜藏区历史文化在民间的丰厚积淀，也是今后城市发展珍贵的历史源泉，而且对于甘孜藏区“最美藏区旅游目的地”和“美丽乡村”建设都具有十分重要的现实意义。因此，要充分利用各种信息宣传媒体平台，加大舆论宣传引导工作力度，让全社会充分认识传统村落保护的重大意义，营造全社会重视传统村落文化遗产保护利用的良好氛围，[①] 切实转变观念，以科学发展观和可持续发展理念为指导，本着对历史和子孙后代负责的态度，科学、合理、有效地保护、传承这些不可再生的文化遗产。

（二）深入调查，强化规划引领

一是深入开展传统村落情况调查。组建专业调查队伍，深入甘孜藏区乡镇实地调研，在了解和把握全局的基础上，建立完整的传统村落档案资料体系，并通过组织专家评估、鉴定，有针对性地制定传统村认定条件、分类标准以及保护开发方案等。二是科学确定传统村落名录。按照尊重历史文化、传承人文资源、保护生态环境的要求，在全面分析村落发展类型、空间分布、人口规模、产业设施、人文积淀等现状和特点的基础上，选择历史特征和地域个性鲜明、建筑格局和原生态风貌保存较为完整的古村落，作为培育建设特色文化村的对象。三是编制特色村建设规划。按照因地制宜、以人为本、可操作性强的要求编制特色村保护和开发规划，在充分征求村民意见的基础上，划定重点保护区和风貌协调区，明确规划保护区内土地利用和住房建设要求，制定村基础设施、公共服务设施建设、传统文化保护、村域经济发展目标任务等。

（三）突出重点，注重有效保护

一要突出保护重点。既要明确重点保护区域，也要明确具体保护对象，包括保护对象周边范围内的建筑、古树古寺等历史环境要素等，甚至建筑形式和改造要求。二要注重系统保护。要对村落整体格局和传统风貌进行保护，以最大限度地保留村落自身特色。特别是甘孜藏区传统村落大多位于高原峡谷区，依山临水，要特别重视对独特水系和临水景观的保护，保留溪流的特有风貌；要保护好传统村落现有的街巷结构、空间肌理及路面铺装形式，加强传统建筑和溪、路的有机联系。对乡土建筑，要分别制定有针对性的保护、整修和改造措施，防止“拆真建假”现象，力求多保存真实的历史信息。三要做好传承保护。对传统村落非物质文化的传承和保护更要高度重视，如家庭的组成、生态环境、公共事务和宗教信仰，以及谋生手段、手工工艺、节庆、民俗礼仪、民间美术，等等。建议相关部门帮助启动传统村落村志编纂工作，把传统村落的非物质形态文化遗产及时记录并保存下来，[②] 加强对传统村落中独有的农耕文化、宗氏文化、节庆文化、饮食文化、民间艺术文化的研究，把“活态”的传统村落文化史保护下来，传承下去。

---

① 周乾松：《新型城镇化过程中加强传统村落保护与发展的思考》，《长白学刊》2013 年第 5 期，第 144—149 页。

② 无锡市政协：《传统村落保护发展工作任重道远》，《人民政协报》2014 年 2 月 7 日第 4 版。

（四）落实措施，鼓励积极探索

当前，如何做好传统村落保护，并没有统一有效的可资借鉴甚至完全套用的模式，而且各地各村情况均不相同，也无法以一种或几种方式框定保护模式，只能各自因地制宜，积极探索，走各自的特色之路。结合甘孜藏区当前各传统村落情况，建议可以从以下三方面探索保护路径：一是合理疏导，改善村民生活条件。只有提升传统村落的宜居性，人们生活其中感到舒适方便，生活质量得到提高，传统村落的保护才是可持续的活态保护，才会更加牢靠有效。因此，在传统村落的保护过程中，不能一味地强调保持原状，传统村落居民享有现代文明的权利，其生产和生活也需要现代化。要在符合保护规划要求的前提下，优先安排传统村落的基础设施和公共服务设施建设项目，大力推进传统村落环境整治工作，改善传统村落的环境面貌。① 同时，各级政府相关业务部门要及时引导居民，开展传统建筑改造和建筑功能提升，改善居住条件，提高环境品质。既要避免在传统村落改造中强迫“原住民”搬迁，② 形成新的“空巢化”现象，又要防止“拆旧建新”“弃旧建新”的“自主自建性破坏”现象。二是适度开发，推进村落持续发展。传统村落是宝贵的民族文化遗产，但守着传统村落过着穷日子，③ 这是谁都不愿意看到的尴尬境地。村民得到实惠，才会真正认识到传统村落的文化价值，才会自发主动地保护传统村落。政府可以引导村民将自保获益与传统村落保护利用有机结合起来，既整治传统村落格局风貌等自然遗产，又保护乡土建筑等文化遗产，更要传承乡土民俗文化等非物质文化遗产。④ 目前，传统村落最便捷的出路，就是适度开发乡村文化休闲旅游。在此过程中，政府应当适当指引，帮助村落确定符合自身特色的旅游业态，开发符合自身特点的旅游产品，形成具有自身文化特征的旅游品牌，真正做到定位准确、特色鲜明；同时制定相关政策，鼓励指导私人对其所有的乡土文物建筑履行使用、管理、开放、展示等方面的义务。三是以民为本，调动农民积极性。传统村落的保护不能只停留在政府层面，广大农民才是传统村落保护的重要力量。应充分尊重原住民的知情权、自治权、参与经营权、决策权和监督权，不应以各种形式取代村民权利的行使；⑤ 在引导村落开发利用时，要注重集体的利益，避免

① 无锡市政协：《传统村落保护发展工作任重道远》，《人民政协报》2014 年 2 月 7 日第 4 版。

② 姜勇：《浅谈满族传统村落调查与保护的急迫性——以辽宁省新宾县为例》，《小说评论》2013 年第 S1 期，第 348—350 页。

③ 周乾松：《新型城镇化过程中加强传统村落保护与发展的思考》，《长白学刊》2013 年第 5 期，第 144—149 页。

④ 同上。

⑤ 同上。

过于放大少数人的利益，让开发成果惠及全体村民，由社会共享。可以把传统村落保护要求写入村民公约，① 这样既有助于约束村民的无序建设行为，提高村民热爱遗产和自主保护的意识，也有助于村民积极整治乡村环境，开发自然生态景观，利用乡土建筑及其非物质文化遗产优势，实现传统村落保护与发展的双赢。②

（五）加大投入，加强保障力度

一是加大财政资金投入力度。特别在当下传统村落保护工作启动阶段，要安排传统村落保护开发、特色文化村建设的专项经费，除设立文化遗产保护专项资金外，可在新农村建设专项资金中增加相应的项目经费，③ 用于特色村落的培育建设。二是进一步拓宽保护资金渠道。在发挥政府资金主渠道作用的同时，政府要制定相关激励政策，④ 探索多种投资机制，引导、动员、鼓励企业家、社会团体和社会各界人士积极参与，如可建立"传统村落保护基金会"，向社会、企业募集资金用于特色村落保护；⑤ 也可试点采取股份制的形式，通过村集体、村民将其所有的古建筑租赁或入股，并吸收社会资金入股，共同参与特色村落的保护、经营和收益；还可参考其他地区的先进做法，一些大的生态资源或村落整体，有条件的，社会公众可以"认领、认养、认保"和租用、购买、产权转换等方式保护。⑥ 甘孜藏区传统村落规模较小，当前的旅游价值不是非常高，可以通过"村民自保，村集体筹资保护"方式，鼓励扶助村民依靠自身力量"自保"，在专业指导下负责乡土建筑的维修、管理和使用，政府适当补助维修经费；⑦ 或者村集体利用旅游收入、信贷资金维修集体所有建筑，补贴经济困难的村民或者垫资抢修乡土建筑，村集体对修缮好的乡土建筑享有相应的权益。三是重视人才培养。⑧ 传统村落保护开发建设是一项专业性很强的工作，各级政府要加强相关各类专业技术人才及传统工匠的培养和引进，开展对古民居和其他物质、非物质文化遗产的保护工作，并逐步集聚一批拥有传统建筑工艺技能和从事业余研究的乡土人才，⑨ 全面提高文化遗产保护管理水平与研究能力。

---

① 周乾松：《新型城镇化过程中加强传统村落保护与发展的思考》，《长白学刊》2013 年第 5 期，第 144—149 页。

② 同上。

③ 张宏展、刘凯：《在推进城镇化进程中加强古村落保护》，《运城日报》2014 年 4 月 30 日第 1 版。

④ 同上。

⑤ 周乾松：《我国传统村落保护的现状问题与对策思考》，《中国建设报》2013 年 1 月 29 日第 3 版。

⑥ 周乾松：《新型城镇化过程中加强传统村落保护与发展的思考》，《长白学刊》2013 年第 5 期，第 144—149 页。

⑦ 同上。

⑧ 同上。

⑨ 张宏展、刘凯：《在推进城镇化进程中加强古村落保护》，《运城日报》2014 年 4 月 30 日第 1 版。

当前，甘孜藏区乃至全国的传统村落保护工作刚刚开始，这项工作尚有待于进一步系统化、法治化和科学化，而且亟须解决的问题很多，要做的具体工作也很多。而要做好甘孜藏区的传统村落保护，既需要全区人民形成共识、社会各界予以支持，也需要相关方面的专家、专业人士奉献聪明才智，以使传统村落既不在急剧变化的时代转型期被甩落，也不被唯利是图的市场开发得面目全非。做好传统村落保护任重道远。我们的调查思考与建议，只是抛砖引玉，希望借此以敲响甘孜藏区传统村落保护活动的钟声，激发起大家深藏在心底的乡土情怀，一起挖掘寻找共同的乡愁记忆，一起为甘孜藏区的传统村落保护建设建言献策。

汉特人的传统萨满教及其复兴

苑　杰[*]

摘　要： 17 世纪以来，西伯利亚地区各民族所世代传承的萨满教在遭到外来工业文明、殖民统治以及“文化同化”等多方面冲击的情况下，逐渐走向衰落。为应对传统文化衰落所带来的种种挑战和危机，包括汉特人在内的一些西伯利亚地区土著民族试图通过恢复其萨满教传统来复兴民族文化，从而促进本民族的复兴和发展。汉特人拥有典型的“万物有灵”信仰和系统的关于“神灵与灵魂”的认知，以及著名的“熊仪式”，汉特人萨满教从衰落到复兴是当今世界萨满教复兴的一种重要类型，是全面了解当代萨满教存续情况的一个重要基准点。

关键词： 汉特人　神灵　灵魂　治疗　复兴

在学术界，那些在历史上就在西伯利亚广阔的土地上繁衍生息的土著民族以其典型的“万物有灵”信仰和沟通“天与地”“神与人”的仪式而著称，这样的信仰及仪式实践被统称为“萨满教”。西伯利亚地区的汉特人在传统上曾经拥有非常系统的关于神灵和灵魂的信仰体系以及非常著名的“熊仪式”。然而，与该地区其他土著民族一样，汉特人千百年来所传承的萨满教在近百年来经历了急剧的变迁，先是遭到各种冲击而走向衰落，后来又逐渐出现了复兴的迹象。对汉特人萨满教衰落与复兴的关注与探讨，是对萨满教变迁研究的重要组成部

* ［作者简介］苑杰，中国艺术研究院亚太中心副研究员。

分，有助于我们全面认识萨满教。

一 汉特人及其传统的萨满教信仰体系

汉特人，也称“奥斯恰克人”，汉特人（“Khanty”、“Khanti”、“Khande”、“Kantek”）是他们的自称。汉特人的语言属于乌拉尔语系芬兰—乌戈尔语族。无论是从历史上还是从当下来看，汉特人均为西伯利亚地区人口最少的民族之一。①

据考证，乌拉尔人当中一部分讲乌戈尔语的族群在公元11世纪前后从其原来居住的额尔齐斯河流域草原地带迁徙到乌拉尔山以东的鄂毕河中下游地区（也就是接近北极圈的冻土带）。这部分生活在鄂毕河中下游的乌戈尔人被称为“鄂毕—乌戈尔人”（Ob－Ugric），他们后来逐渐发展演化成为“汉特人”和“曼西人”两个群体。

汉特人的祖先，即草原上的乌戈尔人原本以游牧为生，尤善于养马，而迁至冻土地带的汉特人在漫长的年代里逐渐适应了新的生活环境，他们转而以捕鱼和狩猎为生，并向居住在他们北边的涅涅茨（Nenets）人学会了驯鹿的饲养和放牧。此外，汉特人还逐渐与周边民族开展贸易活动，比如用当地盛产的皮毛和水产品从鞑靼人那里交换武器、粮食以及他们自己不能生产的日用品等商品。

汉特人的传统信仰体系是与其传统生产生活方式直接或者间接相对应的，这种信仰体系作为一种较为系统的、关于宇宙和生命的认知体系，囊括了对神灵、灵魂以及生命与健康等多方面的知识，是汉特人萨满教的核心组成部分。

（一）关于神灵的认识

汉特人所信奉的神灵世界是一个分为很多层级的空间，他们认为神灵世界通常由“东方天神”“地神”以及与北方相关联的地下诸神灵构成。

汉特人对于“天神”（numi－rurun）的信仰源自古代突厥人关于“东方天神”的信仰（后来还融入了俄罗斯东正教的某些概念），他们将“天神”称为“至上神”或者“最伟大的长者”。他们认为“天神”所在的层级是宇宙的最高层级所在，而这个层级可再分为7个次层级。每当族群当中出现非常紧急的病情，或者出现需要紧急做出决定的重大事宜，萨满的灵魂就会在其助手神灵魂

① 苏联1926年的人口普查显示，汉特人人口总数为17800人，1989年人口普查时，汉特人人口总数为22500人，俄罗斯2002年人口普查时，汉特人人口总数为28678人。当代的汉特人主要分布在汉特曼西自治区、秋明州和科米共和国。

的辅助下飞向“天神”所在的区域，与“天神”展开“最高级别”的“斡旋”。

汉特人所信仰的“地神”指那些故去的祖先，包括本氏族已故萨满的灵魂。构成汉特人传统社会组织基本单元的是亲属群体，不同的亲属群体通常拥有特定的祖先灵魂或者被视为本部族祖先的动物神灵。特定部族以祖先神灵作为自我认同的基础，这意味着他们必须遵守共同的秩序、道德规范及相应禁忌，比如，以“熊神”为祖先神的氏族在其祭祀仪式上必须遵守不能猎杀熊和吃熊肉的禁忌。亲属群体中的萨满，则不仅担负着与祖先神灵沟通的职责，也担负着监督群体成员遵守秩序或者禁忌的职责。

（二）关于灵魂的认识

根据俄罗斯学者切尔涅佐夫（Chernetsov）（1963：3—45）的研究，“鄂毕—乌戈尔人”将灵魂分为很多种类，不同种类的灵魂有着特定或相互交叉的职能，且灵魂的出现总是与人们的梦境、病痛相关。他们对不同种类的灵魂，特别是对其作用的认知，部分地反映了他们对病痛、梦境、道德等问题的认知。

汉特人认为人身体的很多部分，比如头、头发、皮肤、肝脏和心脏等当中都有灵魂存在，如果与一个人身体特定部分相关的那个灵魂离开其原有载体，那么这个人就会生病；还有一种是掌管呼吸的灵魂，也是与一个人是否能够再生相关的灵魂，汉特人称之为“再生魂”（lil），如果一个人的“再生魂”丢失或者被盗，那么这个人极有可能陷入昏厥状态，而倘若“再生魂”离开人的身体后抵达“下界”并在那里安家，那么病人就会死亡；此外，还有专门掌管男性体力的灵魂、掌管梦境的灵魂，等等。①

还有一种专门负责治疗疾病（ort）或者说护佑健康（urt）的灵魂，这种灵魂为萨满所独有。当萨满为患者治病而进入昏迷状态后，这种灵魂会离开萨满的身体去寻找患者丢失或被盗的灵魂。如上文所提及，萨满的灵魂如果能够在病人的“再生魂”抵达“下界”之前就将其找回来，并将其安放回病人的身体，那么这个濒临死亡或者已经死亡的人就会获得重生。

汉特人认为，绝大多数与灵魂相关的危险都是不可避免的——因为他们认为，一个人的灵魂丢失或者被盗通常是因为这个人已故的亲人想要继续和他生活在一起；当然，也有一些人的灵魂丢失，被认为是与他自身的道德问题直接或间接相关。

（三）对疾病与健康以及道德与社会秩序的认识

根据汉特人的传统信仰，他们的人身安全和身体健康要有所保障，以下两

① Marjorie Mandelstam Balzer, *Shamans, Spirituality, and Cultural Revitalization—Exploration in Siberia and Beyond*, New York: Palgrave Macmillan, 2011, p. 58.

方面的条件必须得到满足：第一，祖先神像或者祖先灵魂其他形式的载体得到充分的尊重和相应待遇；第二，传统的具有净化作用的仪式都能得以顺利和妥当的进行，且仪式中的各种规则或者禁忌都得到严格的遵守。

反过来，如果一个人对神灵有大不敬的言行，那么他就会患上天花和瘟疫等具有传染性的疾病，而且这种疾病还会殃及他的族人；如果一个人犯下违反基本道德准则的罪行，那么他所属的父系氏族的祖先神灵“menk”和“mis”通常会用盗取他的灵魂的方式来惩罚他，特别是当一个人犯下乱伦或者谋杀等严重罪行时，最容易招致来自祖先神灵的惩罚，这种惩罚通常足以导致那个犯下罪行的人身患重病或死亡。

此外，汉特人认为一个人健康与否，还取决于这个人是否能与萨满维护和谐的关系。人们认为，一旦某个人得罪了萨满，那么“满怀仇恨”的萨满完全有能力——比如通过施展法术将虫子或者头发等异物放到人的身体里使他们得病。但在传统汉特人社会中，萨满，特别是那些为群体成员所熟识的萨满，通常都是“能治病救人的医生”，而不会是“害人的巫师”。一位在19世纪晚期汉特人社会中颇有威望的萨满曾对一位前来调查的人类学家说，他灵魂当然能够“做坏事”，但作为萨满，他一生只致力于治疗和保护他的族人不受“不干净的东西或者力量”的伤害。

二　汉特人传统社会中的萨满

汉特人传统社会主要是由很多部族组成，且各部族都拥有自己的萨满，萨满是首要的角色，是各部族与神灵进行沟通的媒介；萨满也被认为是各部族当中唯一能够界定疾病本质和找出人们患病原因，并且能够举行治疗仪式帮病人找回灵魂的“医师”，萨满因此被认为是护佑部族成员身体健康的最为关键的角色；更为重要的是，各部族的萨满作为宗教仪式和医疗活动的主持者，通常也是本部族的领袖，他们能够进行占卜，在本部族面临危难的时候能够提供“灵性的”庇护，而且在部落之间的竞争中也能够充当智囊，同时扮演着心理学家、娱乐表演者以及法官等角色。

（一）萨满的类型

在乌戈尔人那里，萨满并没有后来的所谓“黑萨满”（邪恶的）和“白萨满”（善良的、纯净的）之分，在他们看来，萨满就是为本部族利益服务的人，只是不同的萨满有着各自的专长而已。比如生活在瓦赫河流域的乌戈尔人后裔称萨满为“S'art - ko（ku）”或者“S'art - ne（ni）”，[①] 意思是“占卜者”，而被称为“Tsepanen - ku”的人则指代巫师兼医疗者；生活在瓦休甘河流域的乌戈尔人后裔通常用“jol”，也就是“魔术师”来指称他们的萨满，与此种萨满相对应的是另一种叫作“isyl's - ku（或 ni）”的萨满，意思是“灵魂哭喊萨满”，即能通过“吃掉”病人的疾病并将病人身上的物理性损伤转移到自己身上的萨满；tremyuan 河流域的乌戈尔人后裔当中名为“multe - ku”的萨满是“祈祷者”，名为“t'artte - lu”的萨满是“预言者”和能够“进入昏迷状态的人”为人治病的医生；而鄂毕河流域的乌戈尔人后裔，即汉特人则称其萨满为“Semvojan”，意思是“能看到的人”。[②]

（二）萨满的产生和萨满知识的传承

传统时期，萨满的产生以及萨满知识的传承通常都是以血缘世系为基础的，也就是说萨满通常产生在那些曾经产生过萨满的家族里，而成为萨满所必备的一些潜质——敏感、易受环境暗示、容易精神紧张以及能够接受梦境和幻觉的启示等，都是这个家族的人“与生俱来”的。一般说来，一个注定会成为萨满的孩子通常到 10 岁左右才会显示出上述迹象，而这个家族的老萨满则会根据这些迹象对这个孩子将来是否会成为“真正的萨满”做出判断，而且接下来还要以师傅萨满的身份对学徒萨满进行培训。

无论是学徒萨满还是师傅萨满，都要通过终其一生的不断学习，使自己能够承担起萨满的职责，即不断提升自身能力以应对可能出现的各种个体性疾病或集体性危机。

从学徒萨满的角度来说，他首先要向师傅萨满学习如何击鼓、晾晒具有致幻作用的毒蘑菇、背诵神歌和祈祷词。在此基础上，学徒萨满还要在师傅萨满举行降神会时，以助手的身份来辅助师傅萨满，也就是在实践中学习知识和技能。不仅如此，学徒萨满在降神会上还有一个非常重要的职责，就是将已经进入昏迷状态的师傅萨满所要向族人传达的“神谕”转译成一个个“戏剧化的故事”，讲给所有在场的人听。这种在实践中学习的方式能使学徒萨满快速地进步。此外，学徒萨满也要跟随师傅萨满学习如何掌控那些特殊的神灵，特别是本部族所特有的古老神灵（也就是今天通常所说的“图腾神”），因为在萨满们进入昏迷状态后，这种古老的氏族神灵会以走兽、飞禽或者人神同形等各种形象出现在他们的梦境、幻觉中或者仪式上，而萨满必须学会辨认和应对这种重

① “ku”和“ni”作为后缀，用来区分萨满的性别，“ku”是男萨满，“ni”是女萨满。

② Marjorie Mandelstam Balzer, *Shamans, Spirituality, and Cultural Revitalization—Exploration in Siberia and Beyond*, New York: Palgrave Macmillan, 2011, pp. 59 - 60.

要的神灵。

作为萨满，其一生当中要学习的内容很多，其中学习和掌握进入“意识变形”状态的方法是最为核心的内容。首先，萨满需要通过这种方法进入昏迷状态或梦境，以实现其作为普通人的死亡和作为萨满的再生。在汉特地区，最为普遍的萨满死亡和再生方式就是神灵将作为普通人的萨满撕成碎片，或者用箭将其身体射穿，然后再将其整合为萨满从而使其再生。其次，萨满还需要通过这种方法进入昏迷状态或者梦境以获取幻觉，而唯有在这种幻觉当中他才能获得具有魔力的法器，比如用驯鹿皮做的萨满鼓和萨满帽，萨满服上的铁质或铜质装饰物等。

（三）“家萨满”和“传奇式萨满”

“家萨满”是汉特人传统社会中普遍存在的角色，他们通常都是应亲戚的要求提供帮助，在家族范围内或者扩展家庭范围内进行活动，主要职责是保佑家族成员不受到来自神灵的威胁。“家萨满”通常用其掌握的草药知识为本家族成员治疗疾病，很少通过举办降神会的方式来进行治病。

相对于普遍存在的“家萨满”，能量巨大的“传奇式萨满”只在某些部落的某些阶段出现过。“传奇式萨满”拥有数量众多的助手神，并且能够在这些助手神的帮助下在人世和神灵世界当中自由穿梭。

北部汉特人某些部族在历史上曾出现过这种“传奇式萨满”，据说他们能够在神灵的引导下往来于“上界”和“下界”，并能够在一次降神会当中召唤包括熊神在内的7位助手神，而且还能够在连续举行两到三个晚上的降神会上掌控全场的秩序和所有参与者的情绪。“这种传奇式萨满在降神会上通常穿着缀有金属铃的萨满服，以此召唤助手神；他癫狂地击鼓，甚至能让仪式上的马和驯鹿也跟着进入痴迷状态；他能够骑着萨满鼓穿梭于上界和下界的崇山峻岭；萨满鼓的鼓面上描画着‘上界’和‘下界’的情景，鼓的背面、鼓柄和鼓槌上缀着铁质的铃铛和小神偶，用来代表萨满在灵魂之旅中所获得的助手神；他们掌握着很多秘不外传的专业性知识，也具备非常强大的体力和耐力，会表演腹语术和舞蹈等特技。”①

东部汉特人也曾经拥有一位传奇式的“isyl’ a – ku”，即能够通过“吃掉”疾病而治愈患者的萨满。这位萨满曾向人类学家讲述自己所经历的启蒙过程。最初，他通过一种特定的梦境得以获取重要信息。在这种梦境里，未来的萨满会首先看见8件用白色布料做成的、完全相同的萨满服。其中7件挂在森林东边

① Marjorie Mandelstam Balzer, *Shamans, Spirituality, and Cultural Revitalization—Exploration in Siberia and Beyond*, New York: Palgrave Macmillan, 2011, p. 62.

的白桦树上，而第 8 件就穿在这位未来萨满的身上。白桦树是他所属的父系氏族的特定象征，挂在白桦树上的 7 件白色萨满服是居住在白桦林里的助手神的穿戴。将来，他会穿着那第 8 件白色萨满服给病人治病，这不仅代表他作为萨满非常“纯净”，而且也代表他和那些穿着同样白色萨满服的 7 位助手神之间有着直接和密切的关系，他因此能够与神灵迅速地取得联系并进行沟通。在获取这种重要信息之后，作为诸神首领的“天神”（“turum”）会亲自对这位未来的萨满进行指引并将治疗疾病的相关知识传授给他；而接下来，老一辈萨满或师傅萨满以及他族中的众人需要用两到三年的时间判断出他究竟是“单纯的发疯”还是会成长为一位“真正的萨满”。如果一个人没有通过特定的梦境就得到来自天神的信息和能量，那么他就不会得到本部族以及老萨满的认可，反而会被赶出部族或者死去。

三　传统的萨满医疗及降神会

“宿命论”是汉特人关于疾病和医疗的观念的内核，他们认为一个人的寿命有多长是由其生母或者天神主宰的，而萨满的职责就在于尽力保护求助者不会在“注定的死亡时间”到来之前死去。

萨满对病人的治疗一般分为两个阶段。第一个阶段是诊断。在诊断过程中，病人要向萨满说明自己的病情，萨满也会召唤其助手神与他一起来到病人家里查找病因。第二个阶段是萨满灵魂出游或飞升。在这个阶段里，萨满通过昏迷使自己进入“意识变形”状态，从而使自己的灵魂飞至上界或下界，从而与致使患者生病的神灵或者灵魂进行沟通和斡旋，并了解这个神灵或灵魂需要什么样的祭品。如果在第一个阶段里，助手神能够协助萨满完成治疗或者说出神灵需要什么样的祭品的话，那么萨满也可以取消这种极具冒险性的灵魂旅行。

汉特人相信，萨满的治疗既能通过找回病人丢失或被盗走的灵魂使病人痊愈，也能在精神层面上对病人起到抚慰的作用。从萨满的角度说，为了治愈因灵魂丢失或被盗而造成的疾病，他必须对病人在生理层面和精神层面上的问题这两者之间的关系进行全面把握。一般情况下，萨满会把病痛的产生归因于病人自身行为不当或者病人已故亲属的意愿。为了证实自己的这种诊断，萨满会向病人及其家属进行求证。如果他的诊断得到病人和家属的证实，那么就会使病人在心理上得到一定程度上的抚慰，从而对病人的康复有所助益。

接下来，萨满会带动病人和家属共同参与治疗仪式。当病人的亲属都积极地参与到唱颂神词和跳舞的过程当中时，人们的能量就被集中用来应对突发情况，萨满、病人和家属之间的积极互动为治病和抚慰病人奠定了坚实基础。比如一位俄国学者莎什科夫（Shashkov）曾亲眼见证过一个汉特人萨满降神会。在降神会的高潮部分——“献祭”环节中，[①] 患者家属在萨满助手神的引导下从患者家里拉来了几头驯鹿到举行仪式的帐篷中作为给神灵的祭品。萨满用绳子一头捆住驯鹿的腿，用另一头拴在病人身上，当病人拉动绳子的时候，人们就把驯鹿杀掉。人们把鹿头和鹿角放在地上，然后把肉吃掉，再把油涂在病人的身上。给病人身上涂抹驯鹿油的环节，与萨满主持的向祖先献祭的仪式上给祖先神像涂抹油脂和血是类似的环节。病人及家属对治疗过程的积极参与，在一定程度上提升了萨满治愈病人的信心，而且他们对萨满法器、神歌和仪式行为等方面的共同认知，使得他们因为“理解”而更加明白和深刻地“感受”整个治疗仪式。在此基础上，萨满向仪式参与者集中展示他为治愈病人所进行的象征性行为的所有细节：当萨满以熊神为向导顺利进入了充满荆棘和障碍的下界，这表示丢失了掌管健康/灵魂的病人是能够康复的；当萨满面对着盗取病人灵魂的那位神灵，并用钱、食物以及值钱的布料向神灵献祭的时候，就会使病人及家属知道丢失的灵魂已经找到了，所以病人的痛苦大大地减轻了；如果在助手神和盗取灵魂的神灵之间发生了战斗，则表明病人正在和痛苦或者倦意做斗争；最后，如果萨满紧握着拳头回到地上，就表明他找到了病人丢失的灵魂，病人将增加康复的信心，而萨满松开拳头，通过病人的耳朵将灵魂送回病人身体里的时候，那么病人就会明显地感到好转——整个过程由萨满进行诊断开始，然后在萨满进入意识变形阶段时达到高潮，最后通过完成降神会的规定性任务结束。

上述环节不仅适用于萨满针对个体性疾病所进行的治疗，在发生灾情、疫情、财物丢失以及在政治局势紧张的情况下，萨满也能通过举行降神会的方式，对集体情绪的不稳定予以救治。

四　受到冲击的汉特人萨满教

沙俄东扩以前的汉特人与曼西人归西伯利亚汗国统辖，他们靠狩猎、捕鱼和放养驯鹿谋生。自16世纪末始，对西伯利亚地区丰富的自然资源觊觎已久的沙皇俄国开始东扩，而东扩的第一站就是西伯利亚汗国。沙俄侵吞西伯利亚汗国之后，将当地人的渔场和猎场都收归自己名下，或是掠夺当地人打猎所获的

---

① Marjorie Mandelstam Balzer, *Shamans, Spirituality, and Cultural Revitalization—Exploration in Siberia and Beyond*, New York: Palgrave Macmillan, 2011, p. 64.

猎物和皮毛，或是抽取重税；与沙俄殖民统治一起到来的，还有俄罗斯东正教所推行的强制改宗活动。到了 17 世纪，绝大多数汉特人都接受了东正教洗礼，拥有了俄罗斯姓名，并对外宣称自己信仰东正教。19 世纪，几乎所有的汉特人都沦为沙皇俄国渔场和猎场的雇工。1917 年“十月革命”之后，苏联政府对汉特人采取集体定居政策，在当地发展畜牧业、毛皮兽饲养业和农业等经济活动，并在当地推行“无神论”的反宗教宣传，开展了一系列打击东正教和根除萨满教的活动。

汉特人的传统萨满教在遭受种种冲击之后，在总体上呈现为以下状况：一方面，传统信仰体系中的某些重要知识遗失，一些具有重要意义的传统信仰观念与东正教、基督教的相应观念发生融合；另一方面，很多部落不再产生新萨满，一些有可能成为萨满的人被贴上“精神病”的标签，那些真正的萨满主动隐藏身份并停止一切活动，或者转入“地下状态”，秘密地为人治病，某些传统仪式因而不能再公开举行。与此同时，由于受到东正教特别是“无神论”意识形态宣传的影响，公众对于萨满和萨满教的认识也发生了极大的改变——人们大多从负面角度看待萨满及萨满教，认为萨满是江湖骗子和害人的巫师，认为萨满教是“迷信的”和“作恶多端的”。由于萨满在社会结构中的位置发生了重要的变化，所以人们原本认为萨满能够解决危机、治疗疾病和使群体稳定的作用看法遭到颠覆，萨满的存在会让很多人有紧张感。

（一）汉特萨满教所遭受的冲击

20 世纪 20 年代以来，萨满教所受到的冲击是空前的。在苏联时期以“无神论”为意识形态主流的大前提下，反宗教宣传以及相应的肃清宗教的政策和举措是既定的，而被视为最保守的宗教势力的传统萨满教，其受到冲击和压制也是必然的。20 世纪 30 年代开始，苏联政府在西伯利亚地区逐步推行“集体化”以打破土著民族传统的社会组织结构及实现该地区的“苏联化”和“现代化”，同时也将肃清萨满教作为加速这种进程的重要内容和方法。这一时期，把萨满说成“骗子”的观点在北部汉特人社会当中逐渐盛行起来，传统萨满教几乎失去了其原有的社会基础。当时一段广为流传的关于汉特人萨满如何“行骗”和“作恶”的故事是这样的：

> “有一位萨满，他 41 岁了，他和他的家人都住得离这里很远。他有一个正在求学的女儿。他经常酗酒，经常坐牢。他曾经试图给一位老人治病。当他走进老人的住所的时候，几乎所有的人都走开了，只有一个喝醉了的老太太和一个小孩留在那里。他把那个病人的脖子割破了，血从她脖子一直流到

肚子上。他挡在门前，没有人看见他做了什么。他举起手指向天空，召唤他的恶灵。从他那双邪恶的眼睛上你就能看出他是个萨满，所有的人都知道他是个萨满。他挥舞着斧子，当神灵附体时，他就屈膝跪在地上。”①

记录这个故事的学者指出，这是当年萨满被“污名化”的鲜明写照，因为故事当中包含了很多传统萨满教中不曾出现过的、非常规的要素：比如汉特人萨满在传统上并没有“放血”和隐秘地举行降神会的惯例；再比如斧子在传统上是萨满用来占卜的法器，在这里却变成了砍人的凶器，而萨满鼓、齐特琴、铁质装饰物以及萨满服等作为超能力主要象征物的几大要素则完全没有涉及。尽管如此，“关于声名狼藉的萨满的故事仍在继续着”②。

实际的情况是，苏维埃当局把萨满从祖上继承下来的神像、神偶都销毁了，而且没收了他们的萨满服、萨满鼓以及其他法器。不仅如此，当局还把阶级斗争时期的“典型”罪名，比如“酗酒”“富农”“囤积居奇”等都加在萨满身上，并因此把萨满关进监狱。此外，政府还建起“红帐篷”，号召医生、护士等到乡村去开展流动医疗，这一举措虽然在一定程度上改善了当地人的医疗条件，但同时也大大地冲击了萨满教传统医疗。比如，即使有萨满敢于秘密地举行降神会，但他们也不敢用牺牲献祭，因为动物都是“集体财产”。

（二）在压制下生存的萨满教

无论汉特人对萨满和萨满教的看法发生了怎样重大的变化，也无论苏联当局如何否定了萨满和萨满教的存在，萨满和萨满教也并没有在汉特社会中彻底消失。20 世纪 20 年代，也就是“十月革命”刚刚结束不久的时候，汉特人仍然在一定程度上相信降神会能够解决他们生活中那些与神灵或者灵魂有关的问题。根据人类学者的调查，苏维埃时期的一位职业宣传者斯塔特谢夫（Startsev）曾这样描述他在瓦休甘河畔亲眼见证过一位萨满为找回一个孩子的灵魂，在一个晚上连续举行 7 场降神会，直到第二天凌晨 5 点才结束。

斯塔特谢夫对降神会的描述表明，20 世纪 20 年代在汉特人乃至西伯利亚俄罗斯人那里，萨满和萨满的活动仍然存在并在一定程度上为人们所相信。然而，在短短的 10 年之后，情况就发生了很大的改变。当时的人类学家森科维奇（Senkevich）发现仅仅是想要记录萨满歌在当时都是很困难的事情了，“聪明的萨满不仅仅不想唱萨满歌，而且通常还隐藏他们自己的职业”（1935：158）。在

① 参见 Marjorie Mandelstam Balzer, *Shamans, Spirituality, and Cultural Revitalization—Exploration in Siberia and Beyond*, New York: Palgrave Macmillan, 2011, p. 72。

② 同上。

20世纪30年代，汉特人的一位著名萨满亚尔金（Yarkin）在当地举行了一场规模很大的马祭，目的是阻止当局推行的“集体化”举措。

在卡济姆河以及索希瓦河流域，由萨满主导或者参与的抵抗行为具有更为突出的“激进主义”性质，一些萨满甚至公开支持人们毁坏苏军营房和抵制“苏联化”的学校教育。1933年，生活在卡济姆河地区的汉特人在当地萨满和本土精英的主导下发动了一场武力反抗当局的事件，直接导致了当局的武装镇压。萨满、反抗事件的领袖以及绝大多数汉特男性都因此被捕，很多汉特人家庭只剩下妇女和儿童。这场镇压对汉特人社会造成不可逆转的影响，汉特人社会从此进入一个低迷的时期，这直接或间接地影响了汉特人在恢复其萨满教传统时选取了不同于西伯利亚其他土著民族的路径。①

五　汉特人萨满教的复兴

在苏联时期的末期，汉特人中间流传着一个传说，讲的是一个能变成动物神形象的萨满在卡济姆河流域发现了一个“神圣的”花园，那个花园是汉特人在历史上曾经用来举行祭祀仪式的神圣场所。在后苏联时代，传说中的这个地点发展成为“熊仪式”复兴的地点，那里偶尔也举行驯鹿祭祀仪式。

20世纪30年代卡济姆河“反抗”事件的可怕后果在很长一段时间里仍能唤起汉特人的共鸣，一些“注定成为”萨满的人想尽办法抵抗来自祖先和神灵的召唤，当然，其中也有人是因为害怕要成为萨满就必须经历的精神和身体上的双重痛苦，但是他们更害怕的是受到人们在“科学”的指引下把萨满当成“精神病患者”的质疑。

尽管如此，萨满教在汉特人社会还是得到了“缓慢和迟疑”的恢复——主要以传统医疗的复苏为切入点，同时也以更加微妙的方式传承着某些传统信仰和仪式。

（一）重新受到重视的萨满教医疗

20世纪70年代，在苏维埃当局推行现代医疗政策的影响下，卡济姆河流域的汉特人村子里到处都有小木屋医院可用。对人们来说，去小木屋医院看病相对来说比较容易，他们也可以搭乘鄂毕河上的船只，甚至搭乘直升机去远一点的医院看病。在某种程度上讲，现代医学——医药、手术的疗效显然要比萨满降神会的疗效要强大得多。然而，被引入汉特人社会的现代医学并没有能够对

① “Shamanistic Revival in a Post-Socialist Landscape: Luck and Ritual among Zabaikal' Orochen-Evenkis”, in P. Jordan (ed.), *Landscape and Culture in the Siberian North*, London: UCL Press, 2011.

疾病产生的心理根源进行有效的探索，但致力于对此进行探索的传统萨满教医疗却几乎被毁掉了，仅存的萨满医疗只被认为是“用象征的方式起到对病人的心理安慰作用”。

人们逐渐认识到，旧传统被打破，新方法尚不完善的情况使他们仍处于“危险的和不完整的”状态当中。一些汉特人在遇到危机时仍转而向萨满求救，而且在后苏联时代，西伯利亚很多地区特别是北部地区的很多医院都因财务问题而关闭了，萨满教医疗因此而再度受到人们的重视。

由于此前汉特人关于疾病和健康的传统信仰仍旧得以传承，一些萨满逐渐开始恢复传统的治疗方法。比如俄罗斯学者库勒姆金（Kulemzin）曾见证了20世纪70年代到80年代的几场萨满教治疗仪式，他所记录的1976年北部汉特人的萨满治疗仪式——仪式以救治一个在普通人看来已经死亡了的汉特人为目的，萨满向库勒姆金介绍说，人们的灵魂离开身体之后通常会比较早地到达“死亡之神”（kallokh - torum）那里，然后才会进入“天神”掌控的空间。为了使病人死而复生，这位萨满先是把这个病人所有的亲人都从屋里请出去，然后关上门，接下来他把自己盖在寿衣下面。接下来的三天里，他和那个已经死了的病人都躺在一起，因为灵魂飞至下界需要一天半时间，返回人间也需要一天半的时间。萨满向“死亡之神”（kallokh - torum）说，这个病人的寿命还没有到完结的时候，他的寿命是由“天神”来决定的，后来这个病人被救活了。从上述种种观念和仪式要素来看，这是一场符合传统的降神会。

另外，萨满也逐渐尝试将传统治疗方法和现代医学方法结合起来为病人治病。早在20世纪五六十年代，汉特人的萨满就已开始把疾病分为两种类型：“俄罗斯类型”和“汉特人类型”。萨满在治疗不同类型的疾病的时候会采用不同的方法。但是萨满得以用本土方法治疗疾病的机会大大地减少了，或者说本土方法被集中用于更为明确的疾病类型上，比如说月经、生育和两性问题，还有压力、嗜睡、失明、悲伤和关节炎等。还有一种情况是，患者会在现代医疗宣布治疗失败之后，选择萨满治疗。有学者曾经在20世纪70年代末跟踪调查过一位汉特人的女性在俄罗斯医生未能成功治愈她双眼失明的情况下，转而向萨满求医的过程。

然而，无论是恢复“全然”的传统医疗方式也好，还是将传统医学和西方医学相结合也好，都不是很容易的事情，因为活跃在本土医学领域中的萨满人数越来越少。

（二）世俗化仪式的兴起

据民族学者调查，北部汉特人当中举行的“最后”一场传统意义上的“熊仪式”是在20世纪30年代。然而，在20世纪70年代，当汉特人再一次举行“熊仪式”的时候，却融入了很多体现时代特征和反映社会问题的要素。在这种新的“熊仪式”上，人们除了用跳舞和举行宴会等方式取悦熊神，还掺入了主要用于讽刺俄罗斯人的插科打诨的滑稽剧表演。在复兴中有所创新的仪式和活动不只“熊仪式”，比如在各部族以往是在森林的神圣场所举行包括很多环节的献祭仪式，但现在更加常见的情况是人们只把钱币、鲜花、彩色缎带等包含着人们对于神灵尊崇心理的象征物留在森林里；过去，森林中某些神圣的场所也是女性向火神和生育神进行祈祷的地方，但是现在出生礼、婚礼和葬礼等生命周期仪式都被世俗性的仪式取代了。

近些年来，以秘密或者变通的方式传承着的某些具有安抚性的信仰和仪式也得以复苏，比如卡济姆河流域的汉特人在苏联时期一直秘密传承着“khentykhlaty”仪式，也就是为新生儿取名以及判断新生儿是不是其祖先的化身而进行的占卜仪式。与以往不同的是，过去这种仪式通常由男萨满主持，后来变成了由女萨满主持，但不变的是仪式仍旧以“戏剧化”的方式维持并复兴汉特人关于“永生—生存”的信仰内核。

灵魂不死

——以剑川县石龙村白族的叫魂仪式为例

赵晓婷*

摘　要：白族的信仰体系是纷繁复杂的，从万物有灵的原始宗教崇拜，到以灵魂不死为基础的鬼魂崇拜和灵魂崇拜都共同影响着白族人民的灵魂观。叫魂仪式便是在这样的基础上发展起来的，它使失魂者的魂魄回归躯体，达到精神与肉体的结合以及灵魂的不生不灭。

关键词：石龙　白族　叫魂　仪式

白族人的信仰体系是开放的、复杂的并且具有多元的特征，它既有原始宗教信仰的许多遗留，也有外来宗教传入后的兼容并蓄和吸纳融合。首先，剑川县石龙村的白族独特的地理环境，使得其原始信仰保存得较为完整，尤其是“万物有灵”的灵魂观相较其他地区而言更加鲜明。起初人们对自然界的许多现象难以做出合理的解释，便将其归结为“神”的力量的显现。而“天神的降福与发怒”都会极大地影响人们的生产生活。其次，白族人民长期以来相信灵魂不死，就算是人死了，也只是灵魂与肉体的分离，虽然肉体已经不存在，但是死者的灵魂是与人们同在的，人们相信人死后还会在阴间以另一种方式生活，也就自然会对灵魂产生敬畏和崇拜的情感。后来产生的鬼魂崇拜、图腾崇拜、祖先崇拜和本主崇拜都可以说是原始灵魂观念在人们意识形态中的反映。最后，佛教、道教、基督教、天主教等人为宗教以及儒家思想、本土宗教和自然宗教

*［作者简介］赵晓婷，云南大学人文学院2014级民俗学专业硕士研究生。

都在剑川这块土地上不断地滋生演变，这里有着广泛的生存空间和土壤使得各个宗教并存共生。而石龙白族的叫魂仪式就是在这样的原始信仰、灵魂观念和宗教情感的基础之上展开的民间活动。

一　石龙白族叫魂仪式类别

魂魄观念是万物有灵观念发展到一定阶段的产物，古代典籍中对此也有诸多记载，《礼记·祭义》："气也者，神之盛也；魄也者，鬼之盛也。"《吕氏春秋·禁塞》："费神伤魂"，高诱注："魂，人之阳精也，阳精为魂，阴精为魄。"① 可以说，这是鬼魂观念在古籍中的较早的记载，而有些古书中也将魂魄观念结合阴阳之说，以阴阳来释鬼魂，如《淮南子·精神训》："古未有天地之时，惟像无形，窈窈冥冥，芒芠漠闵，澒濛鸿洞，莫知其门。有二神混生，经天营地，孔乎莫知其所终极，滔乎莫知其所止息，于是乃别为阴阳，离为八极，刚柔相成，万物乃形，烦气为虫，精气为神。"高诱注："二神，阴阳之神也。"② 又有《淮南子·主术训》："天气为魂，地气为魄。"③ 天为阳、地为阴。《礼记·郊特牲》："魂气归于天，形魄归于地，故祭，求诸阴阳之义也。"④ 其中明确地将魂魄与阴阳结合起来。白族人信巫术、信鬼的传统由来已久，常璩《华阳国志·南中志》载："其俗征巫鬼，好诅盟，投石结草，官常以盟诅要之。"⑤ 李元阳晚年编纂的万历《云南通志》说"颇信巫鬼"⑥，同样在明景泰刻本《云南图经志书》尤其提到剑川"笃信巫鬼"⑦ 的特点。时至今日，民间仍然存在着许多带有浓厚巫术色彩的活动，如剑川县的巫公、巫婆所从事的看香、叫魂以及问死者之魂的祭祀活动都涉及人、神、鬼。自古以来，魂魄观念就存在于人们的精神世界之中，而叫魂仪式就是在这样的魂魄观念基础上逐渐发展起来的。可以说，叫魂仪式带有鲜明的宗教行为的特征，它既可以是神圣性的宗教活动，也可以是世俗性的民间活动，"仪式通常被界定为象征性的、表演性的、由文化传统所规定的一整套行为方式。它可以是神圣的也可以是凡俗

① 参见梁玉绳撰《丛书集成初编·吕子校补》，中华书局1991年版。

② （西汉）刘安撰，刘文典集解：《淮南鸿烈集解》上册，中华书局1989年版，第218页。

③ 同上书，第270页。

④ （清）孙希旦撰：《礼记集解卷二十六·郊特牲第十一之二》中，中华书局1989年版，第714页。

⑤ （晋）常璩著，任乃强校注：《华阳国志校补图注》，上海古籍出版社1987年版，第247页。

⑥ （明）李元阳：万历《云南通志》，现存于杨世钰、赵寅松主编《大理丛书·方志篇》，民族出版社2007年版。

⑦ （明）陈文：景泰刻本《云南图经志书》，现存于《大理丛书卷三·方志篇》，民族出版社2007年版，第107页。

的活动，这类活动经常被功能性地解释为在特定群体或文化中沟通（人与神之间、人与人之间）、过渡（社会类别的、地域的、生命周期的）、强化秩序及整合社会的方式”①。石龙白族的叫魂仪式如今已经渗透到人们日常生活中的各个方面，世俗化的特征也更为明显。

（一）为受到惊吓者叫魂

中国人相信，灵魂本来就有着多种层次。一种非常古老的传统看法是，在一个活人的身上同时存在着代表精神之灵的“魂”及代表躯体之灵的“魄”。人们普遍相信在某种情况下，人的魂能够同拥有魄的躯体相分离。而通常在一个人睡觉的时候，人的魂便是与身体相分离的，特别是受到“惊吓”和某种刺激或创伤的情况，也会使得人体的魄与精神的魂相分离。石龙村的叫魂便是在这样的认识基础上展开的巫术仪式。叫魂仪式的展开与人们长期以来的巫术观念是分不开的，特别是在剑川白族这样一个巫术较为盛行的地区，信仰与仪式之间的关系也就更加密切，而仪式在生活中的应用及其目的性也更加凸显。

据剑川县石龙村的老人说一般是被吓到的人才会叫魂，如一个人走在乡间的小路，突然被前面的某件物体或是被蛇惊吓到，就要回家告知家人，然后再拿着叫魂所需要的物品回到受惊吓的地点，开始叫魂，只有这样这个人的魂才不会因丢失而导致身体上的疾病。这算是较为普遍和简单的叫魂仪式，仪式中所需要的物品要事先在家中准备好，通常要准备一碗米、一个鸡蛋、香若干（香要事先在家中点好）、金银纸若干，跟着家中的长辈（可以是男性也可以是女性）一同到受到惊吓的地点举行叫魂仪式，先要拿着鸡蛋在失魂者的头上绕几圈，然后口中念念有词，一般说的是来到此处的目的，以及一些吉利话，再将鸡蛋放到装有米的碗中，在此处将从家中带来的香点好，化一些金银纸。在做这些事情的时候同样要念念有词，由主持仪式的人说些吉利话，然后念着：“某某某，外面天寒地冻的，不适合你待，家中有吃有喝，你就不要在外面逗留了，你快回来，快回来。”举行完相关的仪式之后就可以回家，有的人在回家途中，会将碗里的米撒一些在路边，好像是作为灵魂的引导，引导它跟着人们回家。也有不撒的，在快回到家中的时候，要让其中的一人预先回到家中通知家里的人，此时外面的人会大声喊：“回来了吗？回来了吗？”里面的人也要答应“回来了，回来了”，之后外面的人才能回家。回到家后还要将鸡蛋放在厨房的灶台上，通常是放三天，然后将米和鸡蛋煮给失魂的人吃，仪式才算正式结束。

在大理喜洲地区同样存在着与此类似的叫魂仪式，供品与石龙村的白族是

① 郭于华主编：《仪式与社会变迁》，社会科学文献出版社2000年版，第1页。

相同的，首先要请叫魂者到家中，拿着一碗水和三根筷子，将烧着的纸钱在失魂者的头上绕三圈，然后嘴里念念有词，再让失魂者对着筷子哈三口气，然后就将筷子立在水中，看是邪魔的骚扰还是魂魄的丢失，如果看出是魂魄的丢失则要叫魂，先要在家中拜祭一下，然后拿着供品、香到指定的地点叫魂，喊着："某某，外面风吹雨打、刮风下雨的，你不要在外面游荡了，你快回来吧，快回来吧。"叫的时候要将鸡蛋立在掌心，如果失魂者的魂魄回来了，鸡蛋就会向叫魂者的方向倒（即朝着手腕的方向倒），最后在回到家之前，也要在门口喊着："回来了吗，回来了吗?"里面的人要回答："回来了，回来了。"如此，叫魂仪式就算是结束了。在当代台湾，孩子如果没精打采、烦躁不安或生病，人们就会将之归结为失魂，认为孩子的魂可能受到惊吓而丢失，在这种情况下，如果把孩子带到他被吓着的地方叫回他的魂，他的病自然就会好。

（二）为病人叫魂

白族人民有着共同的文化内涵、历史记忆和浓厚的宗教信仰，而宗教是民俗文化的重要组成部分，并且宗教生活行为依赖于人们的宗教信仰，而宗教信仰又可以展现在一定的民俗活动之中。叫魂仪式是在白族人民"万物有灵"的原始宗教崇拜下展开的仪式活动，况且叫魂仪式是一种群体性的活动，是一个家庭乃至一个家族的连接，小至石龙村民家中举行的普通的叫魂仪式，大至在本主庙中举行的家族式的叫魂仪式，无不体现着一种共同的群体意识。在日常生活中，石龙白族认为人生病的一个重要原因是丢了灵魂，于是民间形成了许多为病人叫魂的仪式，情况不太严重的仅需在家中举行普通的叫魂仪式即可，如果病情较为严重且就医许久未愈，那就要到本主庙中祈求本主的保佑并且举行相应的叫魂仪式。举行仪式的场所不同，仪式的神圣性色彩也有所改变，"仪式不仅表现的是对神圣物的尊敬，而且也建构了跟神圣物一样的对象，而且如果仪式不及时举行，那么其神圣性将会消失"①。石龙白族人家中的叫魂仪式分三天举行，准备的供品主要有：一碗米，一个鸡蛋，香若干，金银纸若干，蜘蛛（一般是有几个人叫魂就准备几只），第一天叫魂是在晚上，帮助叫魂的人的性别没有严格的限制，首先要叫丢魂者的名字，拿着蜘蛛连续叫三声，然后用右脚蹬下门槛，一般是喊"某某，你快回来，你快回来"。第二天是在公鸡打鸣的时候开始叫，公鸡叫一声，叫魂者就叫失魂者的名字三声（关于"三声"，民间有说法是叫三声相当于叫出三千里远，这样魂魄才能听见并回来）。与此同时，叫一声要拍一下床板（失魂者房间的床板，用右手拍），一般是喊"张氏门

---

① ［美］柯林斯：《互动仪式链》，林聚任、王鹏、宋丽君译，商务印书馆2011年版，第52页。

宗或是李氏门宗的某某，你的魂魄快回来，快回来”。第三天与第二天的叫魂仪式是相同的，连续叫了三天的魂之后，早上起来，就要将用来叫魂的米和鸡蛋煮熟，让失魂者吃掉，至于蜘蛛，要将它放在丢魂者的房间里面，切记在仪式的过程中不能将蜘蛛弄死。之后人们认为魂魄就会回归身体。

至于石龙本主庙中举行的叫魂仪式，人们先要在家中点好香，然后再到本主庙中拜祭，仪式过程中要向本主大黑天神及其他各位神灵说些恳求的话，祈求他们保佑，还要在本主庙中捉几只蜘蛛带回家，紧接着一系列仪式结束后就可以回家了。而在本主庙中出来的时候，叫魂的人要退着出来，一路上还要叫失魂者的名字，不能中断。叫到大门口的时候，外面的人喊着：“回来了吗，回来了吗?”里面的失魂者就要答应说：“回来了，回来了。”本主庙中举行的叫魂仪式由于其宗教性质的场所和带有神圣色彩的巫师的参与而更加具有神圣性，特纳指出：“仪式是指那些‘用于特定场合的一套规定好了的正式行为，它们虽然没有放弃技术惯例，但却是对神秘的（或非经验的）存在或力量的信仰，这些存在或力量被看作所有结果的第一位和终极的原因’。”① 笔者认为，这种带有宗教性质的叫魂仪式不仅是一种历史形貌的展现形式，也是一种民众参与和认知的过程，它集结了人们的宗教信仰及个人的自我认知。

（三）由梦境引发的叫魂仪式

人的灵魂观念的产生与梦境有着重要的关系，首先是人们受到万物有灵观念的影响，在潜意识中埋下了鬼神观念的种子，便会自觉或不自觉地将梦中的幻境与现实结合起来，从而将精神和肉体联系在一起，把精神视为独立于肉体而存在。“正如动物或人的活动被解释为灵魂存在于体内一样，睡眠和死亡则被解释为灵魂离开了身体。睡眠或睡眠状态是灵魂的暂时离体，死亡则是永恒的离体。如果死亡是灵魂的永恒离体，那么预防死亡的办法就是不让灵魂离体，如果离开了，就要想法让它回来。”② 由梦境而引发的叫魂仪式便是基于此类的灵魂认识，人们认为梦境的发生是灵魂离体后的活动，梦境中的景象或事物的发生对于自身有一定的预示作用，特别是对于不好的预兆，人们往往会采取措施进行化解，此时，梦境相当于一种指示符号，它在一定程度上规范着人们的社会行为。而由梦境引发的叫魂仪式也是人们对于祈福禳灾、驱邪避害的深切期望。

石龙村田野调查中一个较为独特的案例是同一家族的三兄弟一起到本主庙

① 郭于华主编：《仪式与社会变迁》，社会科学文献出版社 2000 年版，第 15 页。

② ［英］弗雷泽：《金枝》，汪培基、徐育新、张泽石译，汪培基校，商务印书馆根据 1925 年英文版印刷，第 298—299 页。

祭祀并举行叫魂仪式，起因是外人做梦梦到这三个兄弟，而且是不太好的梦，所以要到本主庙中祭祀祈求神灵的保佑，仪式由村中德高望重的老人主持，先要祭祀大黑天神（石龙村本主），并由老人说些祭词及吉利话，然后由两人在正殿拿着四支香，分为两边，左右各两支香，以此来支撑一块红布，两边各放上一把镰刀，左边加一面镜子，右边加上一把剪刀，其余人到本主庙的外面举行其他祭祀，这部分人凡是点香的地方都要祭拜一下，祭拜完之后回到正殿，然后依次由举行祭祀的那一家人以八卦阵型在所谓的“桥”下面通过，通常要绕三到四圈，俗称“过桥”（“桥”在民俗中是一个较为特殊的事项，即人与人、人与社会沟通交流的途径，也是隔绝之门，是划分地域的明显的标志），之后就将这块红布撕成相应的数量，再将布条绑在三兄弟的左臂上，并把先前剪好且供奉在神像前的纸衣烧掉，在仪式过程中还要在本主庙中捉几只蜘蛛，祭祀完后就将蜘蛛放到中堂的牌位那里（也有人认为中堂是供奉祖先的，不宜放在那里，应当放在睡房中较为合适），同样不能把蜘蛛弄死，人们认为把蜘蛛弄死是很不吉利的，简单的聚餐过后仪式就算正式结束。石龙村的这三个兄弟叫魂仪式的特殊性在于，不是他们自己的梦境，而是他们出现在别人的梦境之中。当地人认为只要是出现在梦境之中，尤其是梦见不好的事情，就一定要到本主庙中祭拜，祈求本主的保佑。

（四）招回死者之魂

这是一种较为特殊的叫魂仪式，与之前论述的叫魂仪式的不同在于，前面的叫魂仪式中叫的是生者之魂，而这里叫的是亡者的魂灵，这种仪式在民间也叫“回魂”，一般是在人死后，家中的人突然梦见死者，或是亲人想念死者，这些情况下，石龙村的人都会去请巫公或巫婆借助巫术将死者的魂魄叫回来，说出未完成的心愿。这样的巫术可以说是善意的巫术，人们通过这样的巫术沟通鬼神，从而达成心中所愿。在此仪式中，人们通常要准备肉和香芋片、干果、水果以及死者生前喜欢吃的东西，然后带着这些东西去找巫婆或是请巫婆到家中，巫婆通过看香或是接触死者生前的物品就可以将死者的情况说出来，通过巫婆就可以知道死者需要人们帮他（她）达成怎样的心愿，那么人们只需要按照他（她）的想法做即可。是死者生前欠钱没还需要家人帮他（她）还，还是他（她）得罪了神灵需要人们买冥钱烧给神灵，通过巫婆就可以知道，一般情况下，为了达成死者的心愿，家人需要举行一定的仪式，即做法会，一般是将死者生前爱吃的东西准备好，然后再将他（她）需要的东西烧给他（她）。

在人类社会的早期，人们对某些超自然的力量总是存有敬畏和崇拜的心理，人们会将自然界中存在的某些东西当成神灵的恩赐，如认为山林中的野果、珍禽走兽是山神、猎神的恩赐，于是有了山神崇拜和猎神崇拜。可以认为，“仪式的一个主要结果是赋予符号对象以意义性，或者重新赋予这类对象一全新的表示尊崇的思想感情”①。如今，人们逐渐了解了自然界中许多过去人们难以解释的现象，也就是说人类对自然的困惑正在被逐步揭示，但是，随着社会生活的进一步深入，人们的精神压力也随之增大，加之，社会或现实生活中仍然存在着许多不可知的因素。叫魂仪式能经历时间的考验，至今仍为许多民族所用，那么其中自然存在着某种不可替代的作用。当人们受到惊吓或是刺激时，会比较易于陷入某种担忧和痛苦之中，而叫魂仪式的展开使得人们将这些情感倾注到仪式之中，再从中寻得某种心理的安慰和依托，人们相信只要举行了叫魂仪式就能使灵魂回归躯体，之后就能无病无灾，这样的信念可以说是伴随着整个仪式过程。此外就是叫魂仪式中的祭词和祷词或者说是吉利话的使用，在无形中也会给人们某种心理上的暗示，使人们深信“神”的存在，并且能得到神灵的庇佑。叫魂仪式的这种心理暗示功能是其他任何东西都无法代替的，因为它在无形中已经成为人们信仰体系的一部分，使得人们的情感与心灵有所寄托。

二　石龙白族叫魂仪式中的民俗象征符号

自古以来，符号就与人们的生活息息相关，古有“结绳记事”用绳结来记录事件，可以说，这里的绳结已经不是单纯意义上的绳结这个实物，而是具有了某种抽象的表征，即记录着具体事情的发生。“符号其实是人类彼此之间的一种约定，在这类约定中，某种物质的结构形态被约定为代表某种事物。至于约定的范围，可以是全人类，也可以是一个国家或一个民族、一个地区、一个团体，甚至只限于两个人之间；这种约定的时效，则可以通过继承人、中继人的传递，跨越一个相当漫长的时期。”② 可见，人是符号的动物，人类的文化创造和传承就是以符号为媒介。在各种符号系统中，人们将这些符号现实化、具体化，使之成为引导和规范人们日常生活的具体指令。笔者认为，仪式更是一个符号的集合，仪式的动作有着强烈的符号意味，代表着具体的行为，宗教信仰不同，相关的仪式行为也会有所不同。仪式中的服饰也是一种符号，有着具体所指，再者仪式中的器物，已经不是一种单纯意义上的器物，在某种程度上，它已经失去了器物这个实体所具有的内涵，而是经过一系列的过程符号化了，它在特定的文化环境中获得了新的意蕴和内涵，乌丙安在《民俗学原理》一书

---

① ［美］柯林斯：《互动仪式链》，林聚任、王鹏、宋丽君译，商务印书馆2011年版，第80页。
② 王红旗：《生活中的神秘符号》，中国华侨出版社1992年版，第7页。

中指出："任何一种或是任何一个民俗事象和现象，都是经由人们用相应的表现体构成的。这些表现体，正是各式各样民俗元素的象征符号。"①

（一）"蜘蛛"在叫魂仪式中的角色扮演

民俗事象中的实物，在一定的语境中，特定的器物和物品已经不是实物本身，而是已经经过一系列的过程符号化了，而这种实物符号化的过程是它逐渐抛弃自己内里的意象而在特定的文化环境中获得一种新的意象的过程，即民俗事象中实物的符号化在特定的语境之中可以表达特定的民俗意义。"仪式中充满了象征符号，或者干脆地说，仪式就是一个巨大的象征系统。"② 仪式的这种象征性功能充斥着仪式的整个过程，仪式中使用的器物已经不是器物本身，而是被赋予了特定的仪式内涵。"蜘蛛"是石龙白族叫魂仪式中一个较为特殊的民俗意象，它在叫魂仪式中被符号化，不再是单纯的"蜘蛛"这个物种的指称，而是成为一个特定的动物符号，具有仪式象征意义。石龙白族是一个具有浓厚的灵魂观念的民族，人们相信鬼神有着超自然的力量，对鬼神敬畏和祭祀就能得到鬼神的保佑，逢凶化吉、祛病除灾，反之，对鬼神不敬就会受到鬼神的惩罚，甚至会遭受灭顶之灾。而在祭祀仪式中，某些实物的符号化其实就是实物的神祇化。还是要说到叫魂仪式中的"蜘蛛"，要是一般意义上的蜘蛛，人们是不会心生敬畏的，但是这里的"蜘蛛"带上了神圣的色彩。首先，它是本主庙中的"蜘蛛"，是神圣的所在；其次，它是仪式中的"蜘蛛"，是灵魂表象的显现；加之，仪式结束后要将蜘蛛拿回家，有的人将其供奉在堂屋中间，而堂屋又是供奉祖先的处所，有的则是放在睡房之中，睡房则是人的处所所在，那此时的"蜘蛛"可以说是游处于神、人、鬼三者之间。这里的"蜘蛛"已经不再具有蜘蛛这个实物的概念，而在仪式中获得了一种新的概念，正是它被赋予的这一新的意义，使它变得无比神圣。另外，"仪式象征符号的整体性也表现为对仪式程序和过程的依赖"③，即叫魂仪式在本主庙捉蜘蛛带回家只是叫魂仪式的一个环节，而这一环节要依赖叫魂仪式这个整体而存在，如果脱离了仪式这个整体，"蜘蛛"将会失去其象征意蕴。

"我们被大量的符号与群体身份所包围，有些是活生生的，有些则即将消失或已经消失；有些虽仍存在，但其意义对于处在特定场所中的我们而言已没有了，因为我们无法贴近而感觉到他们所要传达的意义。"④ 笔者认为，这涉及仪

① 乌丙安：《民俗学原理》，长春出版社 2014 年版，第 179 页。

② 彭兆荣：《人类学仪式的理论与实践》，民族出版社 2007 年版，第 202 页。

③ 同上书，第 211 页。

④ ［美］柯林斯：《互动仪式链》，林聚任、王鹏、宋丽君译，商务印书馆 2011 年版，第 156 页。

式的隐喻功能，仪式中具有大量的隐喻，隐喻的意义则是多种多样的，“蜘蛛”在特定的叫魂仪式中具有了新的喻义，从世俗性的物象上升到神圣性的物象，而民俗事象的这种隐喻义与其自身的符号化和象征化是分不开的。脱离叫魂的仪式情景或没有共同文化传统的承继是很难理解这类民俗事象所衍生出的文化意蕴的。“有些仪式的实行是为了祈求获得某种神祇、精神、权利或其他圣灵的通融，通过人们的祈求从而希望获得神灵的庇佑。”① 叫魂仪式也不例外，它有着极强的目的性和实际性，“蜘蛛”在叫魂仪式中代表着魂魄暂时的寄居所，将其拿回家中存放也就代表着灵魂的回归，而叫魂的最终结果是使得魂魄回归到人的躯体之中，与躯体合二为一，从而实现辟邪禳灾、身体康健的期盼，祈福是叫魂仪式的最终目的之所在。

（二）“鸡蛋”在叫魂仪式中的角色扮演

三国时代的吴国人徐整《三五历记》载：“天地浑沌如鸡子，盘古生其中。万八千岁，天地开辟，阳清为天，阴浊为地……天日高一丈，地日厚一丈，盘古日长一丈。”② 这是盘古开天辟地的神话，此外，纳西族、白族、瑶族、苗族和彝族也有关于“宇宙蛋”的神话故事，彝族的神话将“蛋”分为三层，蛋皮是天，蛋白是日月星辰，蛋黄是地。在许多民族的神话中，不仅天地出于此，人类也是由此产生。在当代社会中很多地方还留有这样的民俗，就是新生婴儿的人家会给认识的人发红鸡蛋，以示庆祝，此时“红鸡蛋”已经成了一种符号，有了新生和喜庆的意味。可以说，“蛋”与繁殖或生殖有着密切的联系，蛋是天地开辟时最原初的形态，只有通过它人们才能寻到生命的本源。特别是在崇拜万物有灵的白族人民的心中更是如此，人们相信灵魂与躯体分离后无法直接回到躯体中，必须通过外界的媒介才能使其回归，而在叫魂仪式中鸡蛋的使用正是基于这样的认识，将游荡的灵魂叫回之后，它要以鸡蛋作为暂时的寄居处，放置一定的时间之后，鸡蛋与灵魂就会合二为一，即人已经回到起始的状态，正是等待新生的时机，叫魂仪式的结束是要将鸡蛋煮熟然后吃掉，这就与我们传统的“吃鸡蛋”（有的地方的习俗是在端午节和清明节吃鸡蛋，目的是为了祈福、消灾）不谋而合，即代表着灵魂回归躯体之中，之后就会得到神灵的保佑，无病无灾。这无疑是一种深层的生命表达，一种神、人、鬼之间的沟通。

鸡蛋与生殖繁衍息息相关，通过更深层次的探析，我们可以认识到鸡蛋正是“交感巫术”的具象表现形式，而“交感巫术”是弗雷泽巫术理论的一个非

① 彭兆荣：《人类学仪式的理论与实践》，民族出版社 2007 年版，第 224—225 页。

② 现存于（宋）李昉等编《太平御览》卷一《天部一·元气》第一册，中华书局，1960 年影印版，第 1 页。

常重要的方面，即我们通常说的“相似率”和“接触率”。人们用鸡蛋这个实物来模仿“浑沌如鸡子”的天地最初形态，再由原始的思维推广到灵魂。不论是结合万物有灵观、原始思维还是交感巫术，此时的鸡蛋不再指代它本身，而是成为一种符号，它在叫魂这个文化语境之中已经失去了本身所具有的原有的内涵，而成为叫魂的器物，灵魂的表象。鸡蛋在民俗中是一个特殊的事象，在不同的文化语境中有着不同的表现形式，在这里笔者只是分析了它在叫魂仪式中的部分功用，如果渗透到其他的文化语境中，它的内涵会更加丰富。

三　结论

在白族人民的思想观念中灵魂是有着多种层次的，其中一种非常古老的传统看法是，在一个活人身上同时存在着代表精神之灵的“魂”及代表躯体之灵的“魄”。人们普遍相信在某种情况下，人的魂能够同拥有魄的躯体相分离。而通常在一个人睡觉的时候，人的魂便是与身体相分离的。特别是受到“惊吓”和某种刺激或创伤的情况，也会使得人体的魄与精神的魂相分离。石龙村的叫魂便是在这样的认识基础上展开的民间仪式活动。人们相信灵魂是不生不灭的，灵魂的离体必然会对个人造成一定的影响，为了使灵魂不离体或离体的灵魂回到躯体之中，就要举行叫魂仪式，使灵魂回归身体。人们认为自然万物皆有“灵”，而对超自然力量的敬畏更使人们“灵”的观念根深蒂固。随着叫魂仪式从神圣性向世俗化的转变过程，人们与仪式的关系更加密切，仪式的目的性和功利性也更加鲜明。

参考文献

[1] 彭兆荣：《人类学仪式的理论与实践》，民族出版社 2007 年版。

[2]［英］古迪：《神话、仪式与口述》，李源译，中国人民大学出版社 2014 年版。

[3] 郭于华主编：《仪式与社会变迁》，社会科学文献出版社 2000 年版。

[4]［美］柯林斯：《互动仪式链》，林聚任、王鹏、宋丽君译，商务印书馆 2011 年版。

[5] 俞健章、叶舒宪：《符号：语言与艺术》，上海人民出版社 1988 年版。

[6] 肖峰：《从哲学看符号》，中国人民大学出版社 1989 年版。

[7]［意］乌蒙勃托·艾柯：《符号学理论》，卢德平译，中国人民大学出版社 1990 年版。

[8] 王红旗：《生活中的神秘符号》，中国华侨出版社 1992 年版。

[9]［意］埃科：《符号学与语言哲学》，王天清译，百花文艺出版社 2005 年版。

[10] 赵毅衡：《符号学》，南京大学出版社 2012 年版。

[11]［英］米兰达·布鲁斯－米特福德等：《符号与象征》，生活·读书·新知三联书店

2010年版。
[12]［英］维克多·特纳：《象征之林：恩登布人仪式散论》，赵玉燕、欧阳敏、徐洪峰译，商务印书馆2011年版。
[13]（清）孙希旦撰：《礼记集解》，中华书局1989年版。
[14]《白族简史（修订本）》，民族出版社2008年版。
[15]（西汉）刘安撰，刘文典集解：《淮南鸿烈集解》，中华书局1989年版。
[16]梁玉绳撰：《丛书集成初编·吕子校补》，中华书局1991年版。
[17]张文勋主编：《白族文学史》，云南人民出版社1959年版。
[18]高发元主编：《云南民族村寨调查：白族——剑川东岭乡下沐邑村》，云南大学出版社2010年版。
[19]色音主编：《民俗文化与宗教信仰》，知识产权出版社2012年版。
[20]［法］列维·斯特劳斯：《野性的思维》，李幼蒸译，商务印书馆1987年版。
[21]宋兆麟：《巫觋——人与鬼神之间》，学苑出版社2001年版。
[22]杨学政：《原始宗教论》，云南人民出版社1991年版。
[23]刘稚、秦榕：《宗教与民俗》，云南人民出版社1991年版。
[24]［美］孔立飞：《叫魂——1768年中国妖术大恐慌》，陈兼、刘旭译，上海三联书店1999年版。

网络视域下的安多民俗民间文学的建构与思考

刘玉忠*

摘　要： 网络技术的普及和渗透，既给安多民俗民间文化研究带来了新的契机同时也带来挑战。本文就安多民俗民间文学面对全球化的网络传播局面和多重、复杂、相对、灵活的身份的把握，提出一些理论建构的思考和策略，以便更好地实现安多民俗民间文化的传承与创新。

关键词： 网络传播　安多民俗民间文化　建构与思考　传承与创新

随着网络技术的普及和渗透，安多民俗民间文学不可避免地受到多重影响。安多民俗民间文学与其他文化是碰撞冲突还是重组融合，成为21世纪民俗民间文学必须正视的一个问题。因此，迅速采取保护措施，确保优秀传统民俗文化在现代社会中传承下去是当务之急。通过网络，安多民俗民间文化可以找到一个传承民族文化较好的渠道，通过自己的眼光来对自己重新确认，而且也在通过“他者”的眼光来确认自己，并通过网络重新建构自己的文化，获得自我的重新认同。同时通过网络空间能更清晰地了解一个地区的民俗文化，而且也作为一种全新的话语表达对民俗民间文化的认同和渴求。为此笔者认为要做好以下几方面的工作：

* ［作者简介］刘玉忠，甘肃民族师范学院汉语系副教授。

一　通过媒体大力宣传民俗文化，努力构建安多民俗民间文学的现代网络意识

安多民俗民间文学呈现出农耕性、游牧性、地域性、宗教性、民俗性的复杂特征，形成了诸多具有鲜明民族和地方特点的民族民俗文化活动。这些丰富而繁多的民俗民间文化在西部文化乃至中外文化中都有着不可比拟的资源优势，极具感召力、吸引力、内聚力和亲和力。可以通过电视、广播、报纸等大众传媒、网络平台提高民众对互联网的认知水平和观念意识，借此扩大民俗民间文学的知名度和影响力。

但是，“电视作为乡村日常生活的第一媒体，是村民使用范围最广、接触频度最高的媒介。而电视媒体的传播模式却使人们远离公共空间，更多的留在家中，在文化领域里造成集体性观众的瓦解。由于根植于城市的电视所生产的是消费主义色彩深厚的大众文化，其节目的大多内容是偏都市化的，这就导致了少数民族乡村受众在媒介使用中带有强烈的‘消遣娱乐倾向’，人们沉浸在都市文化所带来的感官享受中，‘正在学着成为非本土化信息的听众：巴西的文化人类学者奥蒂泽（Renato Ortiz）称之为“一种国际时髦的民俗”。特别是年青一代，他们生活在新文化实践中：不同社会都接收着性质相同的信息和风格，这些信息和风格与本土政治、宗教或民族环境相脱离。’于是，乡村里传统的走乡串户，走亲访友等常见的人际传播越来越少，原来依靠面对面交流所形成的公共文化空间逐渐瓦解和消失，人们的活动空间已经从公共转移到私人，家庭取代社区成为分享经验的场域。电视的娱乐功能被强化，当村民们远离电视后便无事可做，文化生活日益单调乏味，维系乡村社会健康发展的乡土性公共文化生活日趋衰落”①。

所以在加大电视宣传力度的同时也应该合理地解决此类矛盾，可以通过其他媒体形式弥补因此带来的缺憾，比如广播等。雪域高原民俗的原始性和神秘性吸引了大批的外来游客。现代人的生活节奏很快，利用广播、出租车广播等特殊渠道有意识地加大民俗宣传力度，让人们在闲暇之余听到一些民俗风情，让外界认知民俗。

① 谭华：《断裂与失衡——现代传媒在少数民族乡村文化建设中的困境》，《北方民族大学学报》（哲学社会科学版）2012年第3期。

二　创建多层次的民俗文化网络站，拓展民俗文化的现代网络空间

（一）各级政府应创办各种官方层次或政府性质的民俗民间文化网站

安多民俗民间文化正面临着不断被蚕食、日渐消亡而令人担忧的局面。这就需要政府采取措施，有意识地对一些正在消失的民俗民间文化进行有效保护，并加以宣传和引导，使这些优秀文化遗产得到很好的传承和发展。

1. 以现代信息交流的广泛认知为基础，应用数字化技术，对民俗开展基础研究和应用研究。

近年来，数字化技术的迅猛发展，对文化产业，特别是民俗文化产业起到了推波助澜的作用。伴随着数字媒体产业日新月异地迅速崛起，采用数字化手段进行文化遗产的保护、传承、开发和利用，正在成为一个新的应用领域和发展重点。通过数字化技术的应用创建多媒体数据库，把各种民俗文化资料统一形成计算机数据，这种形式使信息便于存储和检索，并且在传播等方面具有低成本、无差错等优点。以现代信息交流的广泛认知为基础，应用数字化技术，对民俗开展基础研究和应用研究，构建民族文化资源的保护。尤其对安多藏文献进行系统性挖掘、整理和研究，是一项对藏文化研究的基础性和可持续性工程，这项工程的成功实施无疑将对夯实藏文化研究基础、拓宽藏文化研究领域、提升藏文化研究水平产生积极而深远的影响。随着全球掀起藏学研究热，国内外有关学术团体和个人对搜集、整理藏文古籍文献表现出极大的热情，利用电子信息技术进行藏文古籍文献信息化的趋势日益明显，并已取得了零星的成果。应该搭建数据库及共享服务平台，突破民族文化资源，特别是非物质文化遗产的知识构建和可视化展示等关键技术，形成民族文化资源数字化保护—科学管理—保护性开发—共享推广的良性体系。力求通过理论探索和实践结合，积极推动安多民俗民间文化资源数字化保护与开发的科学化、规范化及产业化发展，对安多民俗民间文化的保护具有重要意义。

2. 对民族风情浓郁的民俗节庆活动，要抓重点，抓特色，宣传、引导和利用。

采取政府引导、群众参与的方式，积极举办各类民族民间文化节庆活动，搭建文化保护平台，集中展示民族民间文化艺术，使其在群众的参与和实践中，永葆鲜活旺盛的艺术生命力。冯骥才先生曾说，我们要反复申明保护文化遗产的重要性，要使越来越多的公民具有文化遗产保护的观念，认识到只有维持自

己文明的传承，才能在一个全球化的时代里找到自己的文化身份，自己的DNA才不会迷失在全球化的大海里。一个地方经济可消可长，文化是永远不变的王牌，富起来容易，有文化不容易。要在保护的基础上对民族民间文化进行合理利用，适度开发，取其精华，剔除糟粕，推陈出新，让民族民间传统文化在新时代再放异彩。可以借鉴现代网络技术的高科技，在当地门户网站上推出凸显民俗风情的特色村寨、风景名胜等，用虚拟画面进行展示，并对有特色的民俗民间文化配上详细的说明。这样可以让外界游客在网络平台上进行虚拟游览，了解当地的民族风情和文化，寻梦香巴拉。

3. 增强领导意识

个别领导对抢救民俗民间文化没有切肤之痛，既缺乏紧迫感、危机感，又缺乏对先进文化的全面认识。对难以变现政绩的隐形文化往往忽视，所以作为地方领导，应该具有前瞻性的眼光，既有鲜明的民俗文化主权意识，又有超前的民俗文化保护的自觉意识，具有十年树木百年树人的决心，相信这对民俗的保护将是一件幸事。

（二）加强与地方高校的合作

“到了21世纪，有了新的国际环境，国家民族间的文化传输、相互理解与知识互补，形成了新需求。在这种情况下，民俗再次被选择为载体。但这时民俗传承还需要加强构建，产生存量规模，发展对外叙事能力，才能形成跨文化沟通的新经验。对任何国家的学者来说，这种民俗传承的结果，做得好，既是内部民俗的高等增值，也是对国别文化的升级传播。它与以往国家内部的雅俗文化之争和官民文化界定是不可同日而语的。它是全球文化环境变迁中的新思想的产物，在政府主导方向下进行的学术创新和社会力量凝聚，提倡利用国家民族古今中外所有优秀知识去壮大人民民俗的对外影响。它有利于让世界不仅从书面经典文化上了解中国，也从民族民俗中了解中国，认识中国整体文化的丰富蕴藏和伟大价值。”① 为此政府部门应该积极搭建平台，促进校地沟通与合作，投入专项资金，统筹协调，推进设备资源和人才资源的共享。学校为地方政府培训民俗方面的人力资源培训、提供信息支持等，努力推动地方民俗文化的繁荣发展。在这方面甘肃省委、省政府出台的《关于加强科研院所、高等学校与地方和企业科技合作促进科技成果转化的意见》为安多地区民俗文化的发展提供了很好的理论依据和政策支持。

① 董晓萍：《现代民俗传承策略》，2002年1月1日，求是理论网。

三　积极鼓励少数民族精英创办具有民间性质和个人性质的民俗民间文学网站

官方网站作为一种政府行为，其形式大多是宣传民族地区的主要民族特色和旅游资源，其详细程度和细节不及民间网络传播。对受访者来说，传播者是模糊的，甚至是虚拟的，没有实在的个体。对受者而言，也是一种居高临下的宣传态势，没有亲近度。而民间网络传播人士大多是少数民族文化领域里的资深人士，对本地区的民俗民间文化非常熟悉，可以对一些外人所不知的内容进行深度描写，也因为自己集传和受于一身，更愿意以一种积极的态度接近受访者。更为重要的是，和政府网络传播相比，受访者在民间网络传播里看到了传播者本身。他和传播者形成一对一的深度交流，这就相当于传播模式里的人际传播。传播内容更深化和更细致。

例如，甘南州临潭县的农民艺术家石天顺一手创办的民俗文化刊物——《洮源花树》，内容丰富多彩，包罗万象，但由于资金短缺，这棵正在茁壮成长的生命之树急需甘霖的滋润。物质条件的艰苦并没摧折这位风尘仆仆、厚重诚实的农民艺术家的理想信念，他靠自己坚忍不拔的毅力做到了一箪食，一豆羹，人不堪其忧，而回也不改其乐的境界。他们基于对本民族文化在全球化、市场化、工业化、信息化时代迅速衰微的焦虑，出于一种挽狂澜于既倒的拯救消歇的民俗民间文化的雄心，不遗余力地为本地区民俗文化摇旗呐喊，以自己的绵薄力量当好一位“麦田里的守望者”。他们以传播河洮岷地区民俗民间文化为使命，自己创办刊物，创建民俗文化网站。与官方网站相比，他们自己承担了传播者的角色。因为本土出身的特殊性，具有从内部观察的可能性，比外界进入的观察者更能理解、体会、把握、解释本地民俗的各种民俗事象、制度规则、仪式象征等。但是如果这些热心的守望者没有深入探究的欲望，也没有生发扩展的企图，将无法真正建立起属于自己的民俗话语的理论体系。政府要加大力度组织和发动民俗学家和民族学者挖掘深层文化，以揭示民族文化历史价值、精神价值和科学价值，真正建立起属于自己的民俗理论体系。

除此之外，政府应该利用网络平台做一些民俗宣传的公益广告。在这方面广州为我们提供了很好的先例。笔者在网上看到陆穗岗的《非物质文化遗产的物质传播——民俗精华与现代文明结合的传播思考》中写道：“在广州民间文艺家协会的支持下，我们自发地创作了以几位工艺美术大师为主人公的公益广告。题目是：《我不想自己是最后一个》《把它交给谁》《谁为他输液》等的公益广告，其中一段文字写道：当一栋现代化楼房矗立在我们面前时，一种传统的事物正在我们的视野里消失。当我们呼唤一座博物馆落成的同时，是否担心里面能放些什么？现代化的进程为我们带来了许多，也让我们失去了很多。民俗文化、传统的丢失，让我们心痛；那些不可再生的毁灭更是我们的民族之痛！民间老艺术家们硬撑起的一片天，不知何时会轰然塌下……最后一个传人已在边缘，抢救工程更待何时！建设文化大省，加入‘中国民间文化遗产抢救工程’，不要让今天的绝技成为明天的回忆！除了钱，我们还该拥有怎样的财富？是否应该为后代保留一些民族精髓、文化传统？广绣大师陈少芳，广彩大师许恩福等呼吁全社会起来关注：传承民间工艺，留住民族根！”广告中以工艺大师们为主角，呼吁全社会关心和支持民族精髓的传承和发扬，在民艺界和社会上都引起热烈反响。

四　通过多元途径

（一）学校教育

笔者就民族院校的学生在本校做过调查，发现会唱民族歌曲、会跳民族舞蹈尤其是知道本民族民俗民间文化的学生越来越少。造成目前这种尴尬局面的原因既有主观的也有客观的，尤其“以口耳相传为主的民间文化的生存环境被破坏，加上年轻人缺乏接触这些传统艺术的渠道，同时受都市文化的影响，工具理性支配着他们的日常生活理念与交往方式，对本民族的传统文化和乡村公共文化活动不感兴趣，不愿参与”①。所以信息化时代不仅改变了大学生所处的的社会文化环境，而且深刻地影响着他们社会观、人生观，重塑了大学生的性格。他们面对着异彩纷呈的文化现象，对自身民族的民俗文化熟视无睹，甚至“乡土”精神特质也随之发生改变，这样民俗民间文学传播的语境随之发生断裂，形成了一种“无可奈何花落去”的遗憾。“目前保护教育的紧迫性在于大学生对传统文化遗传相当陌生、漠视乃至拒绝。……所以首先要在高层次的人群中进行教育。现代青年人是遗产文化的继承者和传承者，是遗产教育的未来意识的直接体现者，他们的历史文化基础好、前瞻意识强，一旦进入角色，对遗产保护工作的危机和意义也能理解得比较充分。总之，我们应该把大学办成遗产教育的示范基地。”②

---

① 谭华：《断裂与失衡——现代传媒在少数民族乡村文化建设中的困境》，《北方民族大学学报》（哲学社会科学版）2012 年第 3 期。

② 董晓萍：《全球化与民俗保护》，高等教育出版社 2007 年版，第 465 页。

对此我们不仅要对濒临失传又具有重要价值的民间绝技、绝艺、绝活，采取重点扶持政策，鼓励带徒授艺，使民间绝技后继有人，同时要组织人员进行记录、整理，尽快用录像、录音、文字、照片等方式，把民间艺术的资料留存下来，对长期从事优秀民间艺术制作、表演，形成风格、自成流派、有成就者，要给予一定的精神和物质奖励，更重要的是要引导年轻人学习民间艺术，培养下一代传承人。要创造条件，促使民族民间艺术进学校、进课堂，在大学生中倡导成立兴趣班，举办民间艺术培训班，让更多的人走进真正的民间艺术，另外我们要将传统的民间艺术和现代艺术有机结合起来，这样在继承的基础上发展民间艺术，促进各种民间传统文化的传承与研究。

（二）鼓励大学生积极创办学术研究性质的民俗民间文化网站

本土民俗文化能否得到传承和创新发展，取决于当地年轻人对本土文化的保护和传承意识。当今各少数民族中涌现出了越来越多的跻身于主流文化的大学生，但他们对自己的民俗文化、故土文化的知识缺乏基本的了解，甚至有点数典忘祖。笔者认为学校教育中对少数民族民俗民间文化知识体系传承的忽视，加速了少数民族地区本土知识传承的衰落。所以从挖掘少数民族文化的深邃内涵、提升少数民族文化的学术价值和现实意义的目的出发，鼓励大学生积极创办学术研究性质的民俗民间文化网站，将其作为大众消费的文化产品和弘扬民俗民间文化的阵地。在这方面笔者也做过一些尝试，鼓励学生进行田野调查，利用三下乡的活动搜集一些民俗民间文学的图片、音像资料甚至实物资料，然后建立民俗民间文学网站，将这些资源进行共享。这既能培养学生独立思考、勇于创新的意识和能力，又能促进学生更扎实地学好专业知识，从而形成一个良好的学术文化氛围，以此保护本地的民俗文化。

（三）对原生态文化和具有浓郁民族文化特色的区域实行动态的持续性保护

对原生态文化和具有浓郁民族文化特色的区域实行动态的持续性保护。编制安多民俗民间文化保护名录，建立分项分级保护制度。安多民俗民间文化遗产，大多伴随着各种形式的民间活动、民俗活动、宗教活动，它们共生共存，深深根植于民族民间文化沃土，我们在保护时一定要遵照其自身发展规律、环境和土壤，分别设立一些适宜的专门文化保护区、文化保护点和文化保护带，达到持续性保护的目的。对民族历史文化内涵深厚、民间民俗文化形态多样的村落或地区，可通过建立民族民间文化生态保护区，以“活文化”的方式予以保留和保护。

除此之外，存活于城乡民众口头的原生态民间文学正在像风一样吹散，这种衰落是由社会转型所带来的人们生产、生活方式及文化生态的变化造成的。

大批农民工外出打工，许多农事或闲暇之余时进行的民间文化活动便自然消歇。所以应该通过网络在打工经商的人之间建立起一种以民俗民间文化为基础的感情纽带。一者可以在异域他乡感受到乡情，加强对本土文化的珍爱，继续保护本地的民俗文化，另外促进本土文化的对外输出。“他们是最早生活在遗产地的人群，深深热爱那里的土地，关心自己的家园，他们的人文文化传统和民俗权利也与遗产主体有着惊人的内在和谐之处，因此尊重他们的利益，发挥他们的作用，是遗产保护工作必须贯彻的伦理原则，也是保护遗产的最好办法。”①

（四）通过网络展开培训工作，建立内外合作的长远保护机制

“20 世纪以来，中国经历了多次华夏儿女寻根归宗的运动，推动了民族国家的建设，也促进了海外华侨对就居地文化的适应和对本民族文化的传承。在民俗学界、民间文学、作家文学、通俗文学和海外华侨之间早已建立起了交叉学科的关系。”② 加之“信息革命使经济全球化的影响迅速投射到文化领域，日益彰显出它的特殊效应。以往那些阻碍文化传播的人为或自然的种种壁垒正在不断被摧毁，文化传播变得空前快捷，使我们能够博采众长，很方便地吸纳世界各民族文化的精华，用以丰富和发展自己了。其次，各民族的有识之士，乃至广大普通民众，都在表现出进取的、开放的文化诉求，正在积极投身于面向世界、面向未来的民族文化的现代建构当中，使我们的文化比以往任何时候都更具活力了”③。

我们应该利用大好的机遇，通过网络平台与国内乃至国外的学者建立联系，建立内外合作的长远保护机制，在寻求民俗文化多样性新发展的基础上，坚持突出民族文化鲜明的个性，既让世界认知安多民俗，又让安多民俗融入世界，这样安多民族民间文化才能真正得到保护和发展。

五　通过网络化的手段处理民族资源信息和进行研究，将优秀民俗文化向社会公共教育方向转化

数字化平台能够将民俗文化保护与民俗主体和共享者联系在一起，探索将传统民俗文化纳入民族文化遗产的公众教育之路，可以利用网络、音像资料、图像资料建立网络民俗博物馆。毕竟在“农业评估系统下的民俗，是一种特殊

① 董晓萍：《全球化与民俗保护》，高等教育出版社 2007 年版，第 448 页。

② 同上书，第 457—458 页。

③ 内蒙古社会科学院草原文化研究课题组：《当代草原文化的发展方向与趋势——论蒙古族文化在草原文化发展史上的地位与作用》，《论草原文化（第六辑）》，内蒙古教育出版社 2009 年版。

的非物质文化遗产，它是天下最大的定性文化，构筑了丰富多彩的现实精神世界，也创造了奇妙的物质世界。它还营造了一个神灵世界，里面所有的神祇也都有人味儿。今天的世界虽然被商品和科技弄得很精彩，但无论如何都是先有民俗，后有它们。现代化和全球化不可能完全摧毁民俗的传承，反而民俗的观念行为会左右人们的衣食住行，并使无数新产品被赋予旧意义”①。我们可以利用网络构筑民俗展示的思路，提供民俗民间文化展示的品位，以获得外界的欣赏和关注，也能让人们享受到这份精神的圣餐。

数字化时代最大的、最根本的特点，就是它的资源共享性。通过网络化采集可以打破传统“献诗”、“采诗”的限制，它拥有蓬勃旺盛的生命力，这种生命力来自互联网的资源共享性质和网络用户的共享精神。在未来它不仅将成为人类进行文化交流的一种方式，而且将优秀民俗文化向社会公共教育方向转化。将民俗和生活和谐巧妙地融合在一起，打破了简单的商业流通目的，吸纳更多的受益者，使民俗文化传播的道路越走越宽。比如就藏医来讲，其文化传统博大精深、源远流长，但如何让外界认识到藏医的精华就需要媒体的精心打造，不仅仅将其作为一种商业目的加以运作。这样“通过数字化平台使民俗保护成为广大民众自愿接受和实行的思维和行为方式，一方面普通民众将更加了解传统民俗文化的博大精深，体会到自己是属于同一民族共同体的亲切心理；另一方面也由此增强了传统民俗文化保护的意识和自觉性。当然，运用信息技术构筑数字化平台，提供共享性资源，开展社会公众教育活动，构造文化遗产学习体系，培养与未来社会发展相适应的各类人才，也是在多元文化共享中保存自我文化主体性的策略之一”②。

总之，全球信息、资本一体化的语境，既给安多民俗民间文化研究带来了新的契机，同时也带来挑战。而“文化是一个民族的灵魂，具有凝聚、整合、规范社会群体行为和心理的功能。少数民族乡村文化对维护民族地区乡村社会的稳定与和谐起着重要作用。随着传播全球化进程的加快，文化传播的媒介化趋势凸显出来，尤其是以电视为主的现代传媒对少数民族乡村的全面渗透，现代传媒与少数民族乡村文化的现代建构问题越发引起了人们的焦虑和关注。近年来，现代传媒在少数民族地区的乡村文化建设中的确发挥了积极作用，有效推动了少数民族乡村文化的发展，但其中的问题也是明显的，主要体现在传播的‘断裂’与‘失衡’方面”。尤其当前全球化的加速发展已经使得众多的民俗文化交往变得异彩纷呈，我们面对的是众声喧哗的多元化社会局面和多重、

① 董晓萍：《全球化与民俗保护》，高等教育出版社2007年版，第452页。
② 周锦章：《数字化平台与传统民俗文化的保护》，《红旗文稿》2011年第5期。

复杂、相对、灵活的身份的把握，这就需要用更加开放的宽容的态度来思考安多民俗民间文化的建构问题，正确地把握传播过程中出现的“断裂”与“失衡”。我们应该认识到安多民俗民间文化中间蕴藏的丰富意味和现代性的特质，树立更契合实际的态度。毕竟安多民俗民间文化同本地区的社会结构、宗教体系、雪域文化等各相关方面联系紧密，不应该简单地将其裹挟着进入商业大潮当中加以认识，应该在尊重其自身既有的发展运行模式的同时，将其放置到整个华夏文明总体历史进程中加以观照。这样既不造成民俗文化信仰的迷失，也不至于对母体文化的迷失无所适从。所以在借用网络环境审视安多民俗的时候需要加以本土化的检视和转化，不能简单地分析和阐释，否则就会歪曲安多民俗原本的丰富内涵。这样随着社会历史的变革、时代的前进，吸纳了大量活性元素的安多民俗民间文化，内涵得以丰富，外延得以扩展，将会以崭新的姿态走向未来。

生命的吟唱：《亚鲁王》诗性意蕴浅析

杨　柳*

摘　要： 自被发现之日起，《亚鲁王》的性质就基本被定为“史诗”，其“史”的价值——一个古老而又神秘的民族的遥远的历史记忆，格外引人注意，然其“诗”的意蕴，尚未引起足够的关注。本文拟对《亚鲁王》的诗性内蕴试作探讨。认为，对于麻山苗族而言，《亚鲁王》寄托了该民族的深情记忆与美好愿景；对个体生命而言，《亚鲁王》唱出了一支生命流转的间奏曲，表现出对个体生命极为细致的体恤与关怀。它的展演，本就是麻山苗族民众生命环节中不可缺少的一环，透露出该民族独具特色的生命观念，富含诗性意蕴。

关键词： 麻山苗族　《亚鲁王》　文学性

自被发现之日起，《亚鲁王》的性质就基本被定为“史诗”，朝戈金从史诗的严格学术界定出发考察《亚鲁王》，认为：从口头文类进行界定，《亚鲁王》当属史诗。① 刘锡诚视之为“原始农耕文明时代的英雄史诗”，认为它的发现、记录与出版将改写“已有的苗族文学史乃至我国多民族文学史”②。余未人称它

* ［作者简介］杨柳，北京联合大学师范学院副教授。

① 朝戈金：《媒体对〈亚鲁王〉报道不科学》，《中国社会科学报》2012 年 3 月 23 日。

② 刘锡诚：《〈亚鲁王〉：原始农耕文明时代的英雄史诗》，《西北民族研究》2012 年第 3 期，第 62—67 页。

是用心灵记录、用口头传唱的“民族历史记忆经典作品”①。罗杨认为《亚鲁王》是至今仍在民间口头传诵的“活态史诗”②。冯骥才则在把《亚鲁王》界定为苗族的“长篇英雄史诗”后，进一步指出其为“口述的、诗化的民族史”。③

或许正因如此，其“史”的价值——一个古老而又神秘的民族的遥远的历史记忆，格外引人注意，然其“诗”的意蕴，似乎尚未引起足够的关注。本文认为《亚鲁王》的展演，是麻山苗族民众生命环节中不可缺少的一环，透露出该民族独具特色的生命观念，富含诗性意蕴，值得仔细探究。

一　民族的深情记忆与美好愿景

论者认为，从活动仪式到口述史诗《亚鲁王》神话的文本叙事，这些言语与行为所建构起来的“程式化”结构类型，实际上就是苗族在远古时期的发展历程中长期积淀起来的一种社会记忆的特殊展示。④ 对于已形成文字出版的《亚鲁王》，其民族志的意义自不待言。

“《亚鲁王》是一部活形态的史诗。”杨正江这样概括他对《亚鲁王》的理解，余未人也认为，《亚鲁王》是最珍贵的、活在苗族人心中的历史。因为《亚鲁王》是麻山苗族人民生命结束时，活人对亡灵的吟唱。麻山苗族人认为，亡灵必须牢记先祖的历史故事，方能追赶迁徙之路，回归东方故国与先祖团聚。有位作家说，“无论是谁，死亡都是一个人留下的最后的作品”。而在麻山苗族，个体的死亡提供了一个族群集体历史文本展演的契机。

那是向着亡灵吟唱的歌：举行“开路”仪式前，歌师对亡灵唱道：

我们要送你回家了
对于我们的祖先你生前没有人告诉你
现在我们就告诉你我们祖先的事情
你要记在心上，回去与他们同在。⑤

① 参见高剑秋《发现和出版〈亚鲁王〉：改写苗族没有长篇史诗的历史》，《中国民族报》2012年2月24日。

② 《英雄的民族英雄的史诗重大的发现重大的成果》，《中国艺术报》2012年3月9日。

③ 冯骥才：《发现〈亚鲁王〉》，《当代贵州》2012年第21期，第51页。

④ 吴正彪：《班由科：祖先记忆的仪式展演与族群文化建构的历史回溯——麻山次方言西部土语区苗族丧葬习俗调查札记》，载中国民间文艺家协会主编《亚鲁王文论集——口述史·田野报告·论文》，中国文史出版社2011年版，第105页。

⑤ 参见唐娜《贵州麻山苗族英雄史诗〈亚鲁王〉考察报告》，载中国民间文艺家协会主编《亚鲁王文论集——口述史·田野报告·论文》，中国文史出版社2011年版，第29—58页。

又：

要是开路的时候不从“亚鲁”唱来，我们怎么知道我们是从哪点来的？①

可见，为亡灵诵唱“祖先的事情”，目的是告知一条灵魂回归之路。从这里出发，去往先祖当初出发的地方，那里，有祖灵在召唤。那是有着粼粼波光的鱼米之乡，那是太阳冉冉升起的地方。歌师细细嘱咐亡者，启程吧。先祖走过的道路，你要一一记得。你要记得，路是亚鲁的路，河是亚鲁的河。你要记得，他们在哪里流过汗，又曾在哪里留下斑斑血迹。其实，这一切，族人从不曾忘记，只是，现在才能，细细想起。

这是一种集体性的历史记忆，但同时，也是一个民族内心深处的美好理想与愿景。麻山苗族世居于荒岭僻野，在乱石夹缝里种植谷物。在物质极其匮乏的时候，精神信仰便成为赖以生存的支柱。顽强坚忍、从不妥协的“亚鲁王”的精魂，就是他们筋骨中不可摧毁、不可抵御的力量。这是“亚鲁王”数千年传唱不绝的最根本原因。——回归东方、太阳升起的地方，鱼米之乡，固然是一个族群久远的集体记忆，另外，又未尝不是生活在麻山这样自然条件极为恶劣的地方的人们的一种生生不息的念想。他们一方面坦然地面对着艰难的生活，一方面始终不曾放弃心中的愿景。又或许，正是因为怀抱着美好的终极理想，他们的坚忍才有了充足的理由。

对于《亚鲁王》的传承者——歌师（东郎）而言，《亚鲁王》绝不仅仅是死的、固态化的民族历史的记录，而是活生生的民族记忆，是一个民族曾经的苦难、曾经的辉煌，是一代又一代人踏遍千山万水默默走过的心路。《亚鲁王》叙述的重点在于神话中的人物亚鲁，讲述亚鲁及其子女如何征战，最后定居此地，并经过长期开垦，换来今天这种安居乐业环境的过程。于唱诵者而言，每一次唱诵，都是对故往先人生命历程的一次深切阅读。调查者注意到，在唱诵时常有歌师在唱到祖先艰难迁徙求生的内容时感慨得泪流满面。② 由此，我们不能简单地把歌师仅仅视作族群分工中的一种职业，他们承担着对民族历史的记忆、讲述、传承，而且在这种记忆与讲述中，融入了他们对先祖心灵和命运的

① 参见李志勇《马宗歌师杨宝安口述史》，载中国民间文艺家协会主编《亚鲁王文论集》，中国文史出版社2011年版，第173—187页。

② 唐娜：《贵州麻山苗族英雄史诗〈亚鲁王〉考察报告》，载中国民间文艺家协会主编《亚鲁王文论集——口述史·田野报告·论文》，中国文史出版社2011年版，第50页。

深刻解读。这种情感与心灵的深度介入，深深打动了外来的调查者，他们说，歌师们的虔诚“令人动容”①。这种投入、这种深情，本身就可谓一种表述，它包蕴着复杂的内涵，既有对历史的追念，亦有对现实的感怀；既有对族群的认同，也有对个体的关怀。

二　个体生命流转的间奏

徐新建先生将《亚鲁王》传唱最突出部分称为“送魂歌”②，并且指出，其内容与形式在以“巫—觋”著称的南方族群中可谓由来已久，此中透出该民族对于生命和灵魂的深刻理解。

对个体生命而言，死亡是生命形式转换的时刻，对于死者，这是生命终结（转化）、灵魂迁徙的一种仪式，“送魂歌”的吟唱，类似一首生命流转之中的间奏曲。这首间奏，自然有着极为丰厚的内涵。

其间有对生命深切的终极关怀。“送魂歌”中，亡灵的去向是笃定无疑的。死者，归也，死亡，便是亡灵归家的过程：

> 杨小红：老祖去哪点，你就去哪点，下一辈子就交给祖先。我们唱一晚上，就是要把自己交给祖先。
>
> 吴老二：我们就是把祖先的根子讲出来，去找到祖先嘛，回到祖奶奶那里去。
>
> 陈兴华（东郎）：苗人说人死了就是“回老家”，“做亚鲁”就是带他们“回老家”。“亚鲁”在的地方是产小米、产鱼虾的，所以我们就算是住在深山中都要想办法找到这些东西带回家。③

可见，在他们心目中，死亡，并不是生命的灭绝，而是另一种形式的转换。死亡，意味着此生已完成，那么，便可以踏上另一条征程。而这条路，它通往一个温暖、安全的所在——家。据调查，麻山苗人称送亡灵为“做客”、人过世

---

① 唐娜：《贵州麻山苗族英雄史诗〈亚鲁王〉考察报告》，载中国民间文艺家协会主编《亚鲁王文论集——口述史·田野报告·论文》，中国文史出版社2011年版，第50页。

② 徐新建：所谓“送魂”就是送死者魂灵回归。通过经师诵唱，让亡灵离别人世，返回先祖汇聚的地方。所唱的歌，听众并非在世的生者，而是将要离去的魂灵。因此它的基本功能是：起歌为死者，以唱送魂灵，所以当叫作“送魂歌”。参见徐新建《生死两界“送魂歌”——〈亚鲁王〉研究的几个问题》，《民族文学研究》2014年第1期。

③ 张颖、彭兆荣：《家在“念”中：国家级非物质文化遗产〈亚鲁王〉的认知与阐释》，《贵州社会科学》2013年第11期。

叫“回老家”或“变为王”。日常生活中，没有“离家”的说法，出门的时候说“先过河，再走路”或去某某地方。可见，家的概念，连同“家”这个词，在麻山苗人的心目中，是至为神圣的所在，在那里，他们可以和“祖奶奶”等祖先们在一起，那里有他们向往的安宁与温暖，是灵魂的皈依之所。研究者论道：

> 在艰苦漫长的迁徙过程中，不断流离失所的历史记忆，使麻山苗人对“土地”的希冀从实体转化为对抽象“家园”的憧憬与认同。“家园”，成为“安定”与“安全”的首要象征，“家园”，就是生命的来处、在处和归去。于是，“回家”成为麻山苗人的生命信仰……①

“开路”仪式里诵唱的重头便是“开天辟地”和“祖先的历史”。在开路仪式的五个部分内容中，歌师们介绍说这部分最为重要，因为“唱得好了，亡人才能够顺利地沿着祖先迁徙的路线回归到祖先曾经生活过的地方”。这里表现出该民族对生命的最微细关怀。歌词中不仅详尽地提供回归祖灵的路线，还细细强调路途中以及到达祖灵之后的种种注意事项，如何解决路上所遇到的难题，如何在故国与祖先生活，与邻居相处……希望亡灵归途顺畅，未来在另一个时空与祖先们同在，和谐相处，体现出对生命、对灵魂无微不至的呵护。此中种种细节，颇令人感动。如歌中唱道，亡人灵魂来到亚鲁的故乡之后要继续往西边走，走到天边的天盖处，有一个孔，灵魂就沿着这个孔出来，之后再沿着天宇的边缘向上爬，为了在爬的时候不至于滑落，亡人要着草鞋（这是麻山苗族人的葬礼中要给亡人准备一双草鞋的原因）。经过这些路程，亡灵才能最终回到祖奶奶的故乡。

麻山苗人的葬礼仪式中，对于生命的个体性，有着充分的尊重。如有的村寨在开路时，由东郎口衔银币，大声直呼死者的名字三声。正式开路内容中，有一大部分内容是关于个体（亡者）的生命履历。——此生已完成，此刻可以静下来，细数这一生在这世上留下的印记。平凡的人生，在这样的仪式中，得到珍视，得以完整。葬礼中还会关注到亡者与活着的人之间的恩怨、情感纠葛是否了结，并设置有专门的“为亡人宣告恩怨了结”这一环节，帮助了结今生恩怨，以使亡者了无牵挂，轻松启程：

---

① 张颖、彭兆荣：《家在“念”中：国家级非物质文化遗产〈亚鲁王〉的认知与阐释》，《贵州社会科学》2013年第11期。

在砍马师进入砍马场之前，主人家请来的摩公手持一把长矛站在一张方桌上，对在场的众人说道："要是在场的生者与亡人还存在什么过节，请此刻来把这些旧账怨气算清楚，过了今天以后就再不准说和亡人有什么过节了。"这道程序是摩公为亡人把生前的恩怨趁此机会清算，使亡人能够轻快地去到老祖宗的地方。①

甚至，还设置有死者与情人之间的最终告别的环节，虚拟亡灵与"情人"的对唱，以了却一世情缘。

总之，《亚鲁王》还表现出麻山苗族对人心人情细致入微的体察与体恤。除情感关怀外，丧葬仪式中也包含对人（亡灵）力量的判断。砍马仪式并非必不可少的环节，是否有必要砍马，取决于对死亡性质的判断：

人过世（即亡）的时候，会按照亡者的过世而分为"好死"和"凶死"，在家寿终正寝或是高寿病故的认为是"好死"；而出门在外意外身亡，如落悬崖致死，或在家上吊自杀而死的认为是凶死。这样的区分，往往是这次丧祭中是否为亡人砍马的决定性因素。东郎认为凶死的一定要为亡人砍马，让这匹马驮着亡人的灵魂跨过回归祖先地的艰难之地；而好死的就可以略掉砍马这个环节。②

此处似乎透露出，若判定亡灵自身力量不足，则需要外力的帮助，通过砍马献牲的方式使偏离常态的死亡方式回到常态的送灵之路。

对于死者的亲友而言，这样种种对于死后世界的关注，无疑是一种极大的心理安慰与情感寄托。

余　论

论者云，"《亚鲁王》以散文体形式唱诵，作为祭辞掌握、传承于巫师这一特定群体之中，仅在丧葬特定仪式中讲唱，具有原生宗教文学的特征，其娱乐性、文学性尚未充分发展"③。《亚鲁王》本是口传的仪式文学，其祭仪性、原

① 杨春艳：《"他者"眼中的苗族葬礼——紫云县大营一宗地片区的苗族葬礼观察》，载中国民间文艺家协会主编《亚鲁王文论集——口述史·田野报告·论文》，中国文史出版社 2011 年版，第 113 页。

② 同上书，第 109 页。

③ 唐娜：《贵州麻山苗族英雄史诗〈亚鲁王〉考察报告》，载中国民间文艺家协会主编《亚鲁王文论集——口述史·田野报告·论文》，中国文史出版社 2011 年版，第 38 页。

生宗教性自不必说，但论者谓其“文学性”尚未充分发展，却是值得商榷的。这里首先会遭遇的问题是：何谓文学性？

文学即人学，如果所谓文学，即是用语言文字来表述生命感受、表达生命关怀，那么《亚鲁王》自然并不缺少文学性。它的展演，本就是麻山苗族民众生命环节中不可缺少的一环。如前所述，《亚鲁王》透露出该民族独具特色的生命观念，富含诗性意蕴。

而且，这样一种独特形态的诗性文本，也对既有文艺理论提出了新的挑战。比如，文本意义的完成，极大程度上倚赖演述者“东郎”，徐新建先生谈道：

> 在我看来，“东郎”的存在对于理解《亚鲁王》至关重要。从生命视角看，他们体现的是对生死两界的信仰和沟通；从文学层面看，则代表与“世俗书写”极为不同的另一种类型，即不但诵唱万物起源、祖先历史，而且能连接生死、指引亡灵，乃至促进教化、实现传承的“神圣表述”。①

而演述者，因其演述内容关系到魂灵是否能返归祖先所在的地方，故其演述过程，须极为负责。在巴茅寨访谈的时候，访谈人曾经讲述了这样一个事实：一位老摩公在为亡人指路的时候，因为喝醉酒而没有把亡人送到其该往的地方，即老摩公在念唱指路经的时候，念到中途或是哪里失去了承接，亡者的魂灵最后没有归入家族先人的地方，其灵魂无所归依，就经常来找这位老摩公扰事，最后老摩公到亡人的坟边为亡人重新念唱这段指路经，把亡人下圹前晚该履行的仪式程序重新念诵了一遍，孝子陪着摩公耗费了一个晚上才将亡人的灵魂送走。② ——可见这样的演述要求，应该会影响到其演述过程。

而文学接受者也在其中扮演着不可忽视的角色。《亚鲁王》的展演过程，须接受接受者的督察。比如：

> 负责念唱砍马经的摩公们要牵着马去路口迎接亲戚的上祭，在堂屋门外摆放一张桌子和前来砍马的摩公们一问一答地盘问，这是体现双方摩公智慧的时候，要是不按规矩和隐语的话语进行对答，就会遭到旁观者的嘲笑。③

① 参见徐新建《文学：世俗虚拟还是神圣启迪?》，《文艺理论研究》2011 年第 3 期。

② 杨春艳：《“他者”眼中的苗族葬礼——紫云县大营—宗地片区的苗族葬礼观察》，载中国民间文艺家协会主编《亚鲁王文论集——口述史 · 田野报告 · 论文》，中国文史出版社 2011 年版，第 117 页。

③ 同上书，第 112 页。

可见，在麻山苗族的丧葬仪式中，旁观的接受者承担着多种功能：首先是族群历史知识的接受者；其次是接受族群（血缘）情感的冲击与加强、族群身份的确认与巩固；最后是督察《亚鲁王》的演述，接受者并非被动地接受，而是会影响到文学展演。

再有，文学展演的时间空间问题，在《亚鲁王》的发现与研究过程中，也是一个比较突出的问题。巴莫曲布嫫指出："从20世纪40年代开始的史诗搜集模式一直延续至今，只注重文本的搜集，忽视了演述的场域。"① 歌师也谈到在不同场域吟唱《亚鲁王》的体会："后来我答应他们往后我们这儿有哪家办白喜事的时候，让他们直接来听我唱，我觉得在文化馆那里不适合唱开路。因为没有在丧葬场合，就唱不出那种感觉。"②（歌师梁老四）

总之，尽管论者肯定《亚鲁王》的价值"无论在历史、民族、地域、文化还是文学方面，都是无可估量的"③，并认为《亚鲁王》的出版，标志着《亚鲁王》的一只脚已迈进我们的文学史，中国文学史因此增添它的分量，但就笔者所见，截至目前，学界对于《亚鲁王》诗性内涵的探讨仍然非常有限，对其诗学意义的讨论，亟须深入展开。

① 巴莫曲布嫫：《叙事语境与演述场域——以诺苏彝族的口头论辩与史诗传说为例》，《文学评论》2004年第1期。

② 徐玉挺：《戈邑歌师梁老四口述史》，载中国民间文艺家协会主编《亚鲁王文论集——口述史·田野报告·论文》，中国文史出版社2011年版，第232页。

③ 冯骥才：《发现〈亚鲁王〉》，《当代贵州》2012年第21期，第51页。

城市日常生活与民俗文本记述

——以北京竹枝词为例

郑 艳*

摘 要： 竹枝词是极具地方性的风土诗作，着重描摹与记述民众生活，而以北京为主要区域范围的竹枝词则是典型的城市生活写真。本文从民俗的主要类目出发，较为详细地列举了北京竹枝词记述的主要民俗内容，从根本上确立了竹枝词的民俗文献性质。

关键词： 民俗 记述 竹枝词

美国社会学家 R. E. 帕克（Robert Parker）认为："城市，它是一种心理状态，是各种礼俗和传统构成的整体。换言之，城市绝非简单的物质现象，绝非简单的人工构筑物。城市已同其居民的各种重要活动密切地联系在一起，它是自然的产物，而尤其是人类属性的产物。"① 从这一点来说，无论是描述还是研究城市民俗生活都离不开对人的关注。在城市民俗生活中，市民是最为广泛和重要的民俗文化承载体。我国民俗学家钟敬文在划分中华民族的传统文化时曾将市民文化列为其中一条主流："第二条是中层文化的主流，它主要是市民文化。"②

* ［作者简介］郑艳，山东社会科学院文化研究所助理研究员。

① ［美］帕克（Robert Parker）：《城市：对于开展城市环境中人类行为研究的几点意见》，宋俊岭等译，载《城市社会学——芝加哥学派城市研究文集》，华夏出版社 1987 年版，第 2—3 页。

② 钟敬文：《民俗文化学发凡》，载《钟敬文文集·民俗学卷》，安徽教育出版社 1999 年版，第 17 页。

由民间歌谣发展而成为文人诗歌的竹枝词，有其丰富的记述内容与广阔的关注视野，以及不断发展的动态变化过程，从而形成了多种多样的文本资料。周作人在《北京的风俗诗》中曾提及竹枝词的分类：“（竹枝词）这一类诗的性质也不完全统一，大抵可以分作三样来说。一是所咏差不多全属历史地理的性质的……二是如《四库提要》所云，踵前例而稍变其面目者……这里加入岁时风物的分子，都是从来所少得，这不但是好诗料，也使竹枝词扩充了领域，更是很好的事。……三是以风俗人情为主者，此种竹枝词我平时最喜欢，可是很不可多得，好的更少。”① 在这里，周作人从内容与风格的角度出发，对竹枝词的分类进行了初步阐释。而作为以吟咏地方风物与生活文化为主要题材的诗体，北京竹枝词的内容涉及了几乎所有的民俗类目，从最广泛的基础和范围上描绘了自元代至民国时期北京地区民俗文化的主要内容、发展历史以及变迁过程。同时，竹枝词又因为北京地区特殊的地理位置，以及自身文本的形式特征与艺术风格而呈现出一定的倾向性，主要表现为集中描绘民俗生活中的市井生活。

衣食起居是市井生活中最为普遍也最为重要的生活内容与民俗文化。衣食起居的变化与发展，不仅直接呈现着城市民俗生活的基本状态，也在一定程度上反映着生活传统的沿袭与历史文化的变迁。从这一意义上讲，有关日常生活之中的衣食起居的记述便是一种历史活动：“历史的主要部分本就应是这些衣食住行、日常生活的记录和记述。之所以记录和载述，是为了保存经验，巩固群体，传授后人，‘归根到底’，还是为了衣食住行。”② 而北京竹枝词所记述的衣食起居，一般包括民众在日常生活中的穿衣打扮、饮食习惯以及居住环境等相关信息，也从文本资料的角度提供着关于市民日常生活的经验，并以地方传统知识的方式绵及后代。

一　服饰习俗

服饰，起源于人们遮身蔽体的实用性生活需要以及传达美感的审美追求，而在社会历史的发展过程中，服饰也逐渐开始承载相应的地域文化知识、民族认同意识以及社会等级观念等思想内涵。北京竹枝词对于服饰的记述与描摹，基本上表现了服饰民俗随着历史发展的大体脉络以及其中所蕴含的社会意义与内涵。

① 周作人：《北京的风俗诗》，止庵校订，载《周作人自编文集·知堂乙酉文编》，河北教育出版社2002年版，第48—49页。

② 李泽厚：《历史本体论》，生活·读书·新知三联书店2002年版，第24页。

（一）服饰与经济发展

从物质生活的角度来说，服饰的变化与发展跟社会物质条件的改变与丰富有着极为密切的关系。换言之，物质条件的丰厚往往可以为服饰的发展提供一定的基础与支持。试看如下竹枝词：

烟柳蒙蒙蔽狭邪，春衣不见浣轻纱。松江大布鸦青色，结束今年易内家。

——（清）王士祯《都门竹枝词》[①]

此首竹枝词中所提及的“松江布”甚为著名，其始创于元代松江府（今上海市松江区），创造者是大名鼎鼎的黄道婆。《南村辍耕录》载：“元初有一妪，名道婆者，自崖州来，乃教以做造捍弹纺织之具”，使得此地区的纺织业逐渐盛行，以致“人既受教，竞相作为，转货他郡”[②]。在黄道婆的悉心教授下，松江布成为质地优良、远近闻名的畅销品，松江也成为元代的棉纺织业中心。随后，明代松江附近嘉善、魏塘的纺织业也逐渐发展起来，使得此区域的棉纺产品更加广泛地流通各地，因而民谚有曰：“买不尽松江布，收不尽魏塘纱。”通过以上这首竹枝词可以了解，松江布在北京地区受到市民的普遍欢迎，由此也可以窥见南北商贸流通的信息。

随着生产的发展与商品的流通，人们的穿衣材质也越来越多样化和高档化。而若从配饰种类的变更与增添来看，北京竹枝词对于饰品、妆容的记载更能体现出物质条件对服饰产生的巨大影响：

短襟驴背挽丝缰，半老佳人学淡妆。高髻峨峨吹不断，满头竞插白丁香。

——（清）郭士璟《燕山竹枝》

美人头上满珍珠，物出西洋化学炉。价重只知争购取，典时能价一钱无。

——（民国）孽僧《新京华竹枝词》

① 本文所使用竹枝词文本皆来源于丘良任、潘超、孙忠铨、丘进编《中华竹枝词全编·北京卷》，北京出版社2007年版。后不赘述。

② （元）陶宗仪：《南村辍耕录·黄道婆》，中华书局1959年版，第297页。

以上两首竹枝词描绘的皆是头饰，前一首约出于清代顺治、康熙年间，可见此时的平民百姓的头饰基本还是以自然界中的花朵为主要来源；后一首约出于民国时期，此时受到西方工业文明的影响，老百姓的头饰已经转以各类工艺制品为主。

（二）服饰与文化交融

中国的地域广博，民族众多，因而各地、各民族也有着不同的服饰习俗和审美观念。而就北京竹枝词的记述时限与区域来看，南方与北方、汉族与少数民族，乃至中国与西方国家的文化交流，都在服饰上产生着极为重要的影响。首先，随着京杭大运河的开通以及南北方文化的交流与沟通，南方服饰逐渐在北京地区流行起来。以清代女性的发式为例，满族入主中原以后，在一定时间内满族妇女的发型并没有发生变化，仍保持着传统的“盘髻式”。但是，随着清代各方面礼仪制度的确立，以及满汉服饰文化的交融，满族妇女的“盘髻式”发型被一种新型的发型代替——即“两把头”，也就是头发平分左右，各自扎起。初期，“两把头”规模较小，无法承受较重的头饰，因而多以鲜花为主要装饰品。后来，为了能佩戴起较为华贵的首饰，“两把头”，也加以改良，开始使用辅助的盘发工具——发架。盘头时，先将头发分成左右两把，然后交叉绾在发架上，再将后面的垂发束起，使其微微上翘，称为“燕尾”：

头名架子甚荒唐，脑后双垂一尺长。袍袖直如弓荷袋，可能恭敬放挖杭。

近时妇女，以双架插发际绾发，如双角形，曰“架子头”。近因袍袖太宽无褂，不堪雅相，故皆将袍袖头移于褂上。“挖杭”，清语，袍袖也。旗礼，妇女见尊长必放袍袖，今则亡矣。

——（清）得硕亭《草珠一串——京都竹枝词百有八首》

这种发型可以承受重量十足、华贵艳丽的头饰，因而备受推崇，也逐渐发展得更为繁复。除此以外，南北方文化的进一步交融也给北京地区的女性带来了不一样的发型选择，比如清代中叶开始流行的“平头”，其又称“平三套”或是“苏州撅”，刚开始主要盛行于少妇之中，之后也在老妪中广泛应用：

平　头

跑行老媪亦平头，短布衫儿一片油。长髻下垂遮脊背，也将新样学苏州。

——（清）杨静亭编撰，李静山增补《都门竹枝词》

从以上竹枝词的记述可以发现，明清之际江南水乡的服饰也是北方城市女子广泛效仿的时尚潮流来源之一。其次，清代满族夺得统治地位，因而满洲的服饰在北京地区也得以流行：

一条白绢颈边围，整朵鲜花钿上垂。粉底花鞋高八寸，门前来往走如飞。

——（清）杨瑛昶《都门竹枝词》

以上这一首竹枝词主要描绘的是清代初期，满族入主中原之后，身着民族服饰的满族女性在街头行走的景象，其中流露出的主要是人们对于异族服饰文化的好奇与欣赏。而随着时代的发展，这种好奇与欣赏便促进了人们亲自实践的愿望，于是满族服饰的某些特点开始影响传统的汉族服饰，从而形成满汉交融的服饰文化：

名门少妇貌如花，独坐香车爱亮纱。双袖阔来过一尺，非旗非汉是谁家。

——（清）得硕亭《草珠一串——京都竹枝词百有八首》

六街游览好年光，仕女如云得得忙。鹊髻青衫乌鞋薄，不旗不汉诧新妆。

近有妇女梳髻似俗，所谓“喜鹊尾，青布衫，黑鞋薄底不簪花”，状如嫠妇，二十年前未有也。

——（清）宝廷《都门岁暮竹枝词》

从以上两首竹枝词的描绘可以发现，清代中后期，满族服饰与汉族服饰的互相借鉴与改良已经成为北京地区服饰民俗发展的主要因素与态势。但是，随着清王朝的覆灭，满族服饰便开始慢慢地消失于人们日常生活中：

大半旗装改汉装，宫袍截作短衣裳。脚跟形势先融化，锐首莲钩八寸长。

——（民国）绮佛《京都新竹枝词》

由此可知，满族服饰在北京地区的流行与淡化，与社会政治有着极大的互动关系。这也印证了由德国社会学家齐美尔所提出的、以服饰为代表的社会风尚往往带有社会等级的重要内涵与意义。由于清王朝的建立与统治，满族服饰得以在北京地区极大的推广，其中透露的不仅仅是民族文化之间的互融，更暗含着权力支撑下的社会群体的趋同意识与时尚观念。最后，北京地区作为对外交流的中心，也成为异域文化的展演台，其中即包括服饰所带来的对于服饰功能与审美的影响：

新式衣裳夸有根，极长极窄太难论。洋人著服图灵便，几见缠躬不可蹲。

近今新式衣服，窄几缠身，长能复足，袖仅容臂，形不掩臀，偶然一蹲，动至绽裂，或谓是慕西服而为此者。然西人衣服，只求灵便适用，并未见窄瘦如斯，殆于取法之中，进步改良，始创此式。

——（清）兰陵忧患生《京华百二竹枝词》

清末民初，西方服饰的传入，使得人们在对比的基础之上开始认识到中国传统服饰的烦琐，因而逐渐掀起了更衣易服的热潮。而且西服简单、灵便，逐渐成为人们日常服饰，其承载着社会改良的政治理想，也使其在传统中国的近代化过程中起到了风向标的作用。除此以外，西方传入的部分衣饰，也因其独特的个性风采而成为人们追求时尚的主要手段：

飞蓬新髻号东洋，双镜金丝半面妆。画舫人归风异笛，满身俱带美荷香。

金丝眼镜。

——（民国）逸云《京都新竹枝词》

电钮斜排灿若星，新舒天足更娉婷。日妆不喜灵蛇髻，额际梳成蛱蝶形。

——（民国）巽厂《京都新竹枝词》

由以上两首竹枝词可以发现，清末至民国时期，北京地区流行着包括日本、欧美等各地的服饰习俗，而其中取向既包含着求新的民俗心理，也体现着民众对于美的追求的普遍含义。

通过以上对于北京竹枝词记述的服饰变化与发展的分析来看，市民日常生活中所承载的服饰民俗有其特定的历史背景，也在一定程度上展示着社会发展的轨迹，而其中所蕴含的经济发展、文化交融的社会背景也是北京竹枝词记述时限内最为显著的社会特征与历史状况。

二　饮食习俗

民以食为天，饮食行为也是市民日常生活中最为根本和基础的物质条件与生活方式。与服饰民俗一样，北京竹枝词对于饮食民俗的记述与描摹也在一定程度上反映出北京地区社会发展与历史变迁的态势。

（一）饮食与物产流通

就空间的角度而言，作为物质生活的重要组成部分，饮食习俗及其发展与物产的丰富以及生活水平的提高存在着更为直观的联系。丰饶的物产储备与便利的物产流通为城市日常生活饮食创造着极为丰富的选择与支持：

传柑时节卖苹婆，玛瑙葡萄累累多。更有肃宁桃似蜜，雕盘馈赠伴烧鹅。

——（清）张令仪《燕台竹枝词》

冰盘百果十分甘，消得麻姑酒一坛。如豆青菱如箸藕，便夸风物似江南。

——（清）吴璜《都门夏日竹枝词》

果馅饽饽要澄沙，鲜鱼最贵是黄花。甘香入口甜如蜜，孛勒葡萄哈密瓜。

——（清）杨瑛昶《都门竹枝词》

幽风堂下驻洋车，小憩乘凉理鬓鸦。龙井新茶嫌不冷，玉管斜拔剖西瓜。

——（民国）逸云《京都新竹枝词》

由以上数首竹枝词的描绘可以发现，北京地区汇集着来自全国各地区、各民族乃至国外的多种物产资源，水果、糕点、茶饮等各类食物应有尽有，从而为城市民众的日常饮食提供着种类繁多的食材与食料，也为各地的饮食文化交流制造了空间与条件。

（二）饮食与时令生活

从时间的角度来说，饮食习惯又受自然时序与节日传统的巨大影响。也就是说，物产的时令性质直接影响着人们于不同时段的日常饮食种类与习惯。城市日常饮食一般是应时而食，即在适当的时间择取适当的事物，而其中又包含有两方面的内容：首先，应时而食是就自然时令而言，比如在冬天食用可以取暖的食物，而夏天食用可以袪暑的食物：

文火乍煨鸡骨炭，微甘思嚼虎睛糖。夜深好就围炉话，墙外传呼卖灌香。

——（清）杨掊《日下竹枝词》

其次，应时而食也包含依照岁时节日习俗饮食的内容。就我国的传统节日习俗来看，饮食行为是其中十分重要的民俗活动。不同的节日有其极具代表性的食物与饮用习惯，比如立春吃饼、春节吃饺子、元宵节吃汤圆、端午节吃粽子、中秋节吃月饼、重阳节饮菊花酒，等等。于此，北京竹枝词文本中也有着十分普遍的记载与描绘（见表1）。

表1　　北京竹枝词记述的节令饮食示例表

岁时节令	饮食习俗	文本示例
上元	吃元宵	桂花香馅裹胡桃，江米如珠井水淘。 见说马家滴粉好，试灯风里卖元宵。
端午	喝雄黄酒	樱桃桑椹与菖蒲，更买雄黄酒一壶。 门外高悬黄纸帖，却疑账主怕灵符。
中秋	吃月饼、吃瓜	刻饼分瓜几案陈，团团同拜月光神。 归宁阿姊夫家接，目送哪知小妹嗔。
重阳	吃花糕	中秋才过近重阳，又见花糕各处忙。 面夹双层多枣粟，当筵题句傲刘郎。
腊八	喝腊八粥	寺钟腊鼓响郎当，香积厨中笋蕨香。 内史传宣颁果粥，深宫一样礼空王。
除夕	年菜	鳇鱼鹿肉又汤羊，年菜家家例有常。 旧货关东今厌食，大餐新品说西洋。

饮食习俗作为日常生活最为基础的层面，与当地的物质条件、贸易流通以及岁时节令都有着极为密切的关系，而以城市民俗生活为主要记述内容的北京竹枝词也就包含着关于饮食的极为重要的文本信息与民俗内容。

三　居住习俗

对于生活在城市中的居民来讲，个人或家庭的居住建筑空间是其进行日常生活的主要场所。而为了居住条件的舒适，对于居住环境的修整与改善也就成为市民日常起居中极为重要的方面。

（一）居住环境的实用性改善

实用性的改善行为，主要是指根据一定的生活现状而对住宅环境作更为符合生活实际需要的修整与改造，使居住于其中的人们生活得更为适应与舒服。试看以下的竹枝词文本：

为厌青蝇聒昼眠，虾须三伏遍垂烟。重重布幕频催换，落叶惊秋又一年。

——（清）杨揩《日下竹枝词》

天棚高搭院中间，到地帘垂绿竹斑。冷布糊窗纱作幕，堆盆真个有冰山。

——（清）杨瑛昶《都门竹枝词》

从以上竹枝词的记述与描绘中可以发现，居住环境的实用性改善包括应对自然物候、时序的种种措施，比如用以防虫的布幕、用以祛暑的天棚与冷布等，这些装饰与改造都是根据现实的生活需要而对居住环境进行整饬的主要方面。除此之外，随着社会物质条件的进步，近代以来工业文明所产生的、先进的生活设施与用具的进入也从另一个角度呈现着居住环境实用性改善的趋势，并为北京地区城市居民的日常生活提供了较为便利的生活条件和极为有益的生活帮助。试看如下竹枝词文本：

电　话

十叩柴扉九不开，千呼万唤始出来。诸君莫笑唐诗巧，电线而今为发财。

电　灯

大地茫茫日暮时，鲁阳指日日仍驰。菩提揭起千万火，指点人间过客痴。

——（清）吾庐孺《京华慷慨竹枝词》

风　扇

未听松涛竹籁鸣，一轮转处警秋声。招凉不用龙须扇，能使清风四座生。

电　铃

频叫来人觉太华，传宣笑汝五侯家。只凭铃语呼人到，鹦鹉何劳唤倒茶。

——（民国）韬禅《新都门竹枝词》

由以上数首竹枝词的记述可以发现，清末至民国，工业文明产生出的先进的物质条件与成果，诸如电话、电灯、风扇、电铃等各类生活器用皆是通过一定渠道进入传统中国社会，并逐渐在北京地区兴起与普及的，其极大地改变了北京地区城市居民的日常生活条件和水平，也为居住环境的改善提供了最为实用的条件与支持。

（二）居住环境的审美化改造

除了实用性的目的与功能之外，居住环境的改善还包括对住所进行的装点与修饰，以符合人们在日常生活中对于美的需要与追求：

侬家家住小胡同，白纸糊房色色工。闲弄雪狸过永昼，葡萄一架绿荫浓。

——（清）陈维岳《燕京竹枝》

住　宅

深深画阁晓钟传，午院榴花红欲燃。搭得天棚如此阔，不知摘负几分钱。

——（清）杨静亭编撰，李静山增补《都门竹枝词》

从以上竹枝词文本的描述来看，门庭、院墙的修饰，以及各种观赏性植物的摆设是居住环境审美化改造的主要内容与方式，其既包含着人们生活于此的审美需求，又表达着人们对于生活的热爱。

综上所述，北京竹枝词文本中记述了大量关于人们在日常生活中的服饰、饮食以及居住环境的相关内容，在一定程度上呈现着市井生活中最为根本和基础层面的关于物质生活的主要信息。从另一角度来说，也正是衣食起居在城市日常生活中的基础性与普遍性，使其成为北京竹枝词记述城市民俗生活中最为普遍和丰富的文本内容之一。

事实上，北京竹枝词大致可以分出更多的类目：地理环境类主要从环境的角度出发，提供关于民俗生活的人文地理与城市风物的信息；生产贸易类主要从经济的角度出发，提供关于民俗生活的物质条件与生存方式的信息；市井生活类主要从文化的角度出发，提供关于民俗生活的历史传统与文化语境的信息；语言文学类主要从语言的角度出发，提供关于民俗生活的语言表达与口头文学的信息；时政纪闻类主要从社会的角度出发，提供关于民俗生活的社会背景与权力更迭的信息。由此，在北京竹枝词的所有类目中，每一类都与民俗有着极为密切的关系，都为研究北京竹枝词作为民俗文献的特征与风格提供着极为重要的内容与信息。

泰山香社祭祀演剧活动及戏场考

邵珠峰*

摘　要： 宋元以降，碧霞元君信仰在泰山发展迅猛，泰山上下大量的香社碑昭示这些祭祀活动的繁荣。繁荣的香社祭祀活动及文献记载表明泰山香社祭祀演剧活动的存在及繁荣。这些祭祀演剧活动往往是在临时搭建的戏场或者戏棚进行。

关键词： 泰山香社　祭祀　剧场　演剧

在如今的泰山脚下散落着大大小小的香火社碑刻几百通。据叶涛先生《泰山香社研究》一书调查统计，泰山现存香社碑 363 通①，其中多以清代碑刻为主，最早的香社碑刻立于明嘉靖二十六年（1547）。如此多的碑刻均源自民间普通百姓的自发信仰，它们记载着香客朝拜泰山的祭祀活动，也说明泰山香社活动之活跃。这些碑刻中的大部分是奉祀碧霞元君的香社所立，众多的香社碑虽未见具体记载祭祀演剧活动，但从如此繁荣的香社祭祀活动及其他文献记载可以看出泰山香社祭祀演剧活动存在并且非常繁荣。

一　碧霞元君信仰与泰山香社的繁盛

碧霞元君从最初的泰山玉女逐步发展成北方一般香客心中的“女皇”，这与

* ［作者简介］邵珠峰，河北美术学院讲师。

① 叶涛：《泰山香社研究》，上海古籍出版社 2009 年版，第 399 页。

民间普通香客的追奉不无关系。很长一段时间民间对碧霞元君或称泰山玉女的信仰被东岳大帝信仰抑制，并未有太大的发展。宋代大中祥符元年（1008）真宗东封泰山在岱顶玉女池发现玉女像后，泰山玉女信仰逐渐为后人所知，但仍是泰山主神东岳大帝的附属神灵。宋代时泰山香社活动以祭祀东岳大帝为主，鲜有专门祭祀泰山玉女的香社活动。岱庙现存《东岳元君香火社碑》拓片，文字多半残毁漫漶，从可以查看的个别字句中可以看到立碑时间为“大宋辛酉岁冬十月望后”，后又有“东阿社”的字样，从这些信息可以看出此乃宋代碧霞元君香火社所立之碑。周郢《“碧霞元君”神号源起时代新考》一文对此碑作了详细考述，并认为此碑应是明代人伪托所立。① 不管碑刻真伪，总能说明碧霞元君信仰至明代时已相当繁盛，而宋元是发展壮大的时期。

入明之后，碧霞元君信仰深入民间，逐渐繁盛，至明代中后期其影响远远超过了泰山主神东岳大帝。明代王锡爵（1534—1614）《东岳碧霞宫碑记》记载：“自碧霞宫兴，而世人香火东岳者咸奔走元君，近数百里，远即数千里，每岁拜香岳顶，数十万众，施舍金钱币亦数十万，而碧霞香火视他岳盛矣。”② 碧霞元君香火之旺盛从此碑文可见一斑，彼时民间对碧霞元君的信仰繁盛程度已渐渐超过了东岳大帝。至明末时已如张岱所言：“元君像不及三尺，而香火之盛，为四大部洲所无。”③ 清代碧霞元君的地位更进一步，官方的皇家祭祀逐渐转为国家祭祀，清朝皇帝不仅承认了碧霞元君信仰，还将其纳入了国家祭祀的行列。这一举措更促进了民间信仰的繁盛，香社活动更是空前繁荣。泰山现存清代香社碑共94块，其中比较集中的是顺治、康熙、乾隆三朝及光绪时期，此94块碑反映了清代154次（个）香社活动。④ 如此繁多的香社活动仅是现存碑刻记载的部分，更多的香社活动并没有勒碑作记。这些香社活动足可见证民间对于泰山神灵祭祀的兴盛，而这些香社活动大部分围绕着祭祀碧霞元君而进行。

碧霞元君到明代中后期已从单一的生育神被塑造成无所不能之女神，碧霞元君信仰功能的演变更扩大了信众范围，于是香客络绎不绝，香火旺盛，香社活动更趋繁荣。万历二十一年（1593）所立之《东岳碧霞宫碑记》详细记载了民众对碧霞元君的信仰：

> 予往行齐鲁，道中顶斋戒弥陀者，声闻数千里，策敝足茧而犹不休。

① 周郢：《“碧霞元君”神号源起时代新考》，《民俗研究》2007年第3期，第204页。

② 碑立于明万历二十一年（1593），原立于岱顶碧霞祠，现已不存。

③ （明）张岱：《琅嬛文集·岱志》，岳麓书社1985年版，第71页。

④ 叶涛：《碧霞元君信仰与华北乡村社会——明清时期泰山香社考论》，《文史哲》2009年第2期，第30页。

问之，曰：有事于碧霞。问故，曰：元君能为众生造福如其愿。贫者愿富，疾者愿安，耕者愿岁，贾者愿息，祈生者愿年，未子者愿嗣，子为亲愿，弟为兄愿，亲戚交厚，靡不交相愿，而神亦靡诚弗应。其无所愿而往者，千百中不一人焉。

这无疑是各阶层人民的美好愿望，为了实现这些愿望，香客们来到泰山，拜倒在碧霞元君庙宇前，香客们的虔诚之心使元君“靡诚弗应”。于是“自京师以南，淮河以北，男妇日千万人奉牲牢香币，喃喃泥首阶下”①。对香客来泰山登岱顶朝拜碧霞元君的场面，明末张岱（1597—1679）《岱志》有载：“出门，天未曙，山上进香人，上者下者，念阿弥陀佛，一呼百合，节以铜锣。灯火蝉联四十里，如星海屈注，又如隋炀帝囊萤火数斛，放之山谷间，燃山熠谷，目眩久之。”② 晚间登山者仍然“一呼百合”，若是春季碧霞元君及东岳大帝诞辰期间：“若在三四月间，五方士女，登祠元君，以数十万，夜望山上篝火，如聚萤万斛，左右上下蚁旋鱼贯，叫呼殷振鼎沸雷鸣，弥山振谷，仅得容足之地以上。”③ 立于清咸丰八年（1858）的香社碑言：“仰荷泰山娘娘，广施德惠，普济生灵，卒今天灾不侵，地方静谧。”④ 碧霞元君在民间有更加亲切的称呼“泰山娘娘”，信众感念其功德，成立香社每年朝山进香。从这些文献的记载可以看出碧霞元君信仰在明清时期影响广泛，香客络绎不绝，香社活动繁盛。香客朝山祭拜神灵的过程中，祝赞演剧是不可或缺的一部分，尤其是人员众多的有组织的香社活动。

二 香社祭祀演剧活动

香客朝山祭祀演剧活动自宋有之，以北宋为社会背景的古典名著《水浒传》第七十四回“燕青智扑擎天柱，李逵寿张乔坐衙”对泰安州香客店有所描述：“原来庙上好生热闹，不算一百二十行经商买卖，只客店也有一千四五百家，延接天下香官。到菩萨圣节之时，也没安着人处，许多客店，都歇满了。”⑤ 此虽是小说夸张之言，但当时香客店的繁荣可见一斑。小说写燕青为挑战擎天柱而

① （清）韩锡胙：《元君记》，载《泰山文献集成》卷六《泰山志上》，泰山出版社 2005 年版，第 242 页。
② （明）张岱：《琅嬛文集·岱志》，岳麓书社 1985 年版，第 70 页。
③ （明）于慎行：《登泰山记》，载《岱史校注》，青岛海洋大学出版社 1992 年版，第 387 页。
④ 叶涛：《泰山香社研究》，上海古籍出版社 2009 年版，第 409 页。
⑤ （明）施耐庵：《水浒传》，人民文学出版社 2005 年重印版，第 961 页。

来，此乃为祝赞东岳大帝在东岳庙嘉宁殿前设相扑台比赛，虽并非严格意义上的演剧活动，总算是为祭祀神灵而进行的“戏弄”。至金元时期东岳庙会香客络绎不绝，元初赵天麟（生卒年不详）《太平金镜策》载：“今乃有倡优戏谑之徒，货值屠沽之子，每年春四月方云聚，又不远千里而来者，有提挈全家而至者。”① 香火旺盛的泰山不仅吸引大量香客到来，同样也吸引着“倡优戏谑之徒”，因为演剧已与香客进香祭祀神灵密切相关。演戏既为娱神，实则娱人，东岳庙会上的祭祀演剧活动反过来吸引了更多的香客到来。

明清时期是泰山香社活动最密集繁荣的时代，此时的祭祀演剧活动主要是在山下的香客店进行的。香客结社前来朝山进香一般都有固定的安排。每年前来进香的香社都会住在固定的香客店，所以到达泰安后首先入住预订好的香客店。次日凌晨赶早启程奔赴岱顶，明嘉靖间王世贞（1526—1590）游览泰山后所撰《游泰山记》载：“自山址上至绝顶，又似如聚萤数万斛囊中，光熠耀不定，问之，乃以兹时士女礼元君，灯鱼贯而上者也，其颂祝亦隐隐可听云。”② 此文描述的便是香客们起早前往岱顶拜祭碧霞元君。到达山顶后最重要的目的便是到碧霞祠进香献礼，焚香祭拜之后一部分香客会宿在岱顶，演剧祝赞神灵，而大部分香客则当日返回山下。山下的香客店会在红门设宴迎接自己店中的客人，称之为“接顶”。当晚回到香客店摆宴席祝贺香客登顶归来，并演戏招待。演戏时会把碧霞元君画像或者牌位放在戏台的对面，叫作“请泰山奶奶看戏”。这种演戏形式实为祭祀演剧的变种，因是香客店招待香客，所以此时演戏的主要目的是娱人。张岱在《岱志》中详细描述了这一过程：

> 离州城数里，牙家走迎，控马至其门，门前马厩十数间，妓馆十数间，优人寓十数间。向谓是一州之事，不知其为一店之事也。到店，税房有例，募轿有例，纳山税有例。客有上中下三等，出山者送，上山者贺，到山者迎。客单数千，房百十处，荤素酒筵百十席，优人弹唱百十群，奔走支应百十辈，牙家十余姓，合计入山者八九千人。③

香客店对待香客十分周到，“出山者送，上山者贺，到山者迎”，而接待香客数量更是惊人，“客单数千”，“合计入山者八九千人”，单单从数字也可以看

---

① （元）赵天麟：《太平金镜策》卷四《停淫祀》，元刻本。

② （明）查志隆撰，马铭初、严澄非校注：《岱史校注》，青岛海洋大学出版社 1992 年版，第 365 页。

③ （明）张岱：《琅嬛文集·岱志》，岳麓书社 1985 年版，第 69 页。

出香社活动的繁盛。同是张岱所记载泰安城内香客店的情况《陶庵梦忆》卷四“泰安州客店”有更为细致的描述：

> 客店至泰安州，不复敢以客店目之。余进香泰山，未至店里许，见驴马槽房二三十间；再近，有戏子寓二十余处；再近，则密户曲房，皆妓女妖冶其中。余谓是一州之事，不知其为一店之事也。投店者，先至一厅事，上簿挂号，人纳店例银三钱八分，又人纳税山银一钱八分。店房三等：下客夜素早亦素，午在山上用素酒果核劳之，谓之“接顶”。夜至店，设席贺，谓烧香后求官得官，求子得子，求利得利，故曰贺也。贺亦三等：上者专席，糖饼、五果、十肴、果核、演戏；次者二人一席，亦糖饼，亦肴核，亦演戏；下者三四人一席，亦糖饼、骨核，不演戏，用弹唱。计其店中，演戏者二十余处，弹唱者不胜计。庖厨炊灶亦二十余所，奔走服役者一二百人。下山后，荤酒狎妓惟所欲，此皆一日事也。若上山落山，客日日至，而新旧客房不相袭，荤素庖厨不相混，迎送厮役不相兼，是则不可测识之矣。泰安一州与此店比者五六所，又更奇。①

彼时泰安城内“戏子寓二十余处”，如此多的戏曲艺人云集泰安城只为泰山香火旺盛，香客络绎不绝。在香客店里香客被分为三等，条件好的香客朝山归来不仅大摆筵席，并有演戏招待。一家店中便有“演戏者二十余处”，可谓夜夜笙歌，然而挂出碧霞元君画像“请泰山奶奶看戏”，便有了堂而皇之的理由。这里的祭祀演戏娱神的功能已大大简化，更重要的是娱人，招揽客人。

三　香社临时戏场及演出

上文所述泰山香社祭祀演剧活动在明清时期十分活跃，这种演剧活动的场地主要是香客店内戏台或临时戏场。

关于香客店“接顶”之后为香客们摆宴“请泰山奶奶看戏”在明末通俗小说《醒世姻缘传》中有形象的描述：

> 走下山来，走到红庙。宋魁吾治了盒酒，预先在那里等候与众人接顶。这些妇女一齐下了轿子，男女混杂的，把那混账攒盒，酸薄时酒，登时吃

① （明）张岱：《陶庵梦忆·西湖梦寻》，上海古籍出版社1982年版，第39页。

的风卷残云，从新坐了轿回店。素姐骑着自己的骡子同行，方才也许狄希陈随众坐轿。到了店家，把这一日本店下顶的香头，在厂棚里面，男女各席，满满的坐定，摆酒唱戏，公同饯行。当中坐首席的点了一本《荆钗》，找了一出《月下斩貂蝉》，一出《独行千里》，方各散席回房。①

小说讲素姐加入香社后跟随前来泰山朝拜进香，住在香社熟悉的宋魁吾香客店，自山上下来香客店置酒“接顶”。晚上在香客店为下山的香头们摆酒演戏，招揽香社明年还来入住。香头们看戏所点剧目包括《荆钗》、《月下斩貂蝉》、《独行千里》。《荆钗》即《荆钗记》，明代柯丹丘（生平不详）撰，该剧讲述王十朋与钱玉莲曲折的爱情故事。《月下斩貂蝉》应该是明杂剧《关大王月下斩貂蝉》，今已不传，叙写的是曹操将貂蝉送给关羽企图美色迷惑之，关羽识破杀死了貂蝉。《独行千里》应为元杂剧《关云长千里独行》，讲述关羽护送两个嫂嫂归蜀的故事。② 从所观演剧目及剧种可以看出，明代晚期泰山地区演剧种类丰富，既有主流之昆剧演出，还有北杂剧的持续火热。

上述宋魁吾香客店摆宴在“厂棚”，演戏应当也在厂棚，所以演戏的场地仅为厂棚内的空场，席地为场是临时性的戏场，一般小型香客店演戏都是此种临时戏场。当然也不排除小说中这家香客店规模较大，“厂棚”的对面便是香客店内所建戏台。山曼教授所编著的《泰山风俗》一书中记载了泰安一直延续到清末的“八大店”，这八家香客店规模很大，经营持续时间长，各具特色。其中大部分香客店店内有专为演戏所建的戏台，尤其以刘汉卿香客店“其店之戏班最为有名，大关街有一街名后家池，相传即为刘家戏班乐池所在。民间有‘待要听，刘汉卿’之说”③。另外规模最大的张大山客店门面形如府第，正北院有戏楼，香客下山回店后，把泰山奶奶的画轴悬挂在大厅的屏风当中，对着厅房的戏台，“请”泰山奶奶赏戏，以示虔诚。④ 香客店里的戏台一般坐南朝北，面对泰山，对应着山上的神灵，如此更增加了酬神演剧的虔诚。戏台结构应较为简单，如今香客店不存，也没有可靠的文献记载，无从谈起了。

一般香社朝拜回到家乡，同样有“接顶”的传统，仪式之后仍有酬神演戏的习俗。清康熙十五年（1676）编纂的《临清州志》卷一“风俗”条记载了当时临清本地香社朝山归来后的情形：

---

① 西周生辑著：《醒世姻缘传》第六十九回，齐鲁书社 1984 年版，第 902 页。

② 参考李金松《〈醒世姻缘传〉中的戏曲史料述略》，《古籍整理研究学刊》2004 年第 2 期，第 22 页。

③ 山曼：《泰山风俗》，济南出版社 2001 年版，第 21 页。

④ 吴延文、肖宝万：《张大山香客店》，《民俗研究》1989 年第 4 期，第 68 页。

> 回乡之日，亲友具酒出迎，自东水关沿河十里，游船车马，不绝于道，曰“接顶”。四月十八日碧霞元君会，倾城士女出供香火，自十五日至十八日，上庙者水路不绝。明末西北之民结社来观，如东岳故事，其灵爽讫于千里。每岁会资造金银五色纸宫殿，为驾前仪仗，为鼓吹，为扮演杂剧，两城周游。①

香客回乡之后亲友有“接顶”的仪式，同时至碧霞元君诞辰庙会期间，再次“扮演杂剧”酬神。这些仪式全部结束，香社这一次的朝山进香才算是真正结束。

由上述可知明清时期泰山香社祭祀演剧活动十分活跃，而且香客店所谓“请泰山奶奶看戏”的酬神活动其实主要是为了娱乐大众、招揽客人。然而自清代后期至民国时随着社会风气的转变，泰山香社渐趋没落。如今结社朝山的香社为数很少，昔日辉煌的香客店已不复存在，祭祀演剧活动更是少之又少。

① 转引自叶涛《泰山香社研究》，上海古籍出版社2009年版，第278页。

浅析北京东岳庙与大众心理诉求

解育君*

道教是中国本土宗教，它崇尚黄老学说，吸收神仙方术、原始宗教、自然崇拜、神鬼和民间信仰于一体，是个多神信仰的宗教。道教神仙主要分为天神、地祇、人鬼三类，泰山神东岳大帝属于典型的地祇神，在道教信仰中地位较高，传播较广。

北京东岳庙位居帝王的统治中心，是东岳大帝最重要的行宫，始建于元代延祐六年（1319），明清扩建，主祀泰山神东岳大帝及其众神体系，是道教正一派在华北地区最大的庙宇。历史上北京东岳庙香火旺盛，东岳庙庙会更是享誉京城。究其原因，正如顾颉刚先生所言，“他们的生活上无论起了何种的不安，或生了何种的要求，都可以到东岳庙里去请求解决”①，北京东岳庙满足了不同社会群体的心理诉求。

一　通过东岳大帝职能分析

《三教源流搜神大全》记载：泰山“乃群山之祖，五岳之宗，天帝之孙，神灵之府也”。它高耸入云，犹如通往上苍的天梯，是帝王与天地神灵沟通的“桥梁”，是帝王答谢皇天后土恩赐、苍龙受命于天的腾飞之地，与王朝的命运息息

* ［作者简介］解育君，北京民俗博物馆副研究馆员。

① 顾颉刚：《东岳庙游记》，选自《歌谣周刊》第61号第二版，北大歌谣研究会民国十三年（1924）六月二十九日出版。

相关，享受历代帝王的封禅大典。何为封禅？《史记正义》记载："泰山上筑土为坛以祭天，报天之功，故曰封，泰山下小山上除地，报地之功，故曰禅。"为什么要封禅？《史记·封禅书》记载："天高不可及，于泰山上立封禅而祭之，冀近神灵也。"《白虎通义·封禅》记载："王者易姓而起，必升封泰山何？教告之义也。始受命之时，改制应天，天下太平，功成封禅，以告太平也。"由此可知，封禅是由帝王主持的报答天地神祇、感恩庇佑的特殊祭仪，满足了帝王们江山永固、受命于天的统治需求。《岱史·历代儒臣封禅论》曰："封禅者，王者开务之大礼也。"故从秦始皇到宋真宗，历代都有帝王曾在泰山举行盛大的封禅大典，金、元、明、清，虽无封禅大典，但对泰山的祭祀仍在继续。北京东岳庙门前的三间四柱七楼黄绿彩琉璃牌楼上北面书"永延帝祚"，南面刻"秩祀岱宗"，很好地诠释出帝王的意图。

泰山位居东方之巅，五行属木，是万物交替、初春生长、旭日东升之地，蕴含着生命之始、社稷之始，万物之始的"主生"寓意。《文献通考》记载：岱庙东岳，以其处东，北居寅丑之间，万物终始之地，阴阳交泰之所，为众山之所宗主也。

东汉以来，在民间流传着泰山为治鬼之所的说法，认为人死归土，都要到这里接受审判。泰山是人死后灵魂的归宿地，它"主召人魂"，泰山府君、蒿里丈人的治鬼之说，又昭示出泰山的"主死"之意。《后汉书·乌桓传》记载：其俗谓人死，则神游赤山，如中国人死者魂归岱山。

《五岳真形图》记载泰山的职责为"定生死之期，兼注贵贱之分，长短之事"。《东岳妙经》称东岳大帝"气应青阳，位尊震位，独居中界，统摄万灵。掌人间善恶之权，司阴府是非之目，案判七十二曹，刑分三十六狱，惩奸罚恶，录死注生，化形四岳四天圣帝，抚育六合万物群生"①。难怪泰山神东岳大帝受到上自皇帝、下到黎民百姓的顶礼膜拜，成为国家祀典与大众供奉的尊神。

二　通过东岳庙供奉的众神体系分析

泰山神东岳大帝信仰的普及、东岳庙的发展，是自然崇拜、帝王封禅与民间信仰共同推动的结果。宋真宗举行盛大的封禅大典后，降敕称："越以东岳地遥人然（虽）备蒸尝，难得躬祈介福，今敕下从民所欲，任建祠祀。"② 此敕颁

① 陈巴黎：《北京东岳庙》，中国书店出版社 2002 年版，第 42 页。

② 摘自《大宋国忻州定襄县蒙山乡东霍社新建东岳庙碑铭》，引用林巧薇《北京东岳庙与明清国家祭祀关系探研》一文。（《"东岳信仰与北京东岳庙学术研讨会"论文集》，2013 年，第 209 页。）

行后，全国各地相继建立东岳行宫，东岳大帝信仰逐渐走向世俗化、平民化，成为全国性的信仰。

北京东岳庙位于帝都，素以“神像多、碑刻多、楹联匾额多”著称于世。历史上的东岳庙曾供有三千余尊神像。1928 年北平社会局对东岳庙的神像进行统计，那时尚有神像 1316 尊。1999 年北京东岳庙重新开放，恢复神像近千尊。这些神像大抵分为东岳大帝及其众神体系、民间俗神、行业祖师三类，“盖此庙水陆诸天神像最全，故酬神最易”①。

（一）东岳大帝及其众神体系

东岳大帝是北京东岳庙的主神，端坐于东岳庙中路正院岱岳宝殿，人格化的东岳大帝前殿后宫，既有帝后，还有四子一女，其下辖左右镇殿将军（哼哈二将），岳府护法十太保（随行大帝巡游天、地、山、川）、七十六司地府办事机构等均呈轴线对称布局在神路两侧。登上瞻岱门，横梁上悬挂《东岳大帝宝训》，门两侧白底黑字的楹联“阳世奸雄，违天害理皆由己；阴司报应，古往今来放过谁”赫然醒目，犹如法相庄严的朝堂，尽显东岳大帝的威严。人们相信，那里有一座公正的审判台，由东岳大帝监察万物众生，主持阴阳两界公道，裁判人间善恶曲直，这正迎合了中国民间根深蒂固的“善恶报应”观念。于是，东岳大帝成为民众心中敬仰的神灵，当人们生活不能主宰自己的命运，无法从现实社会中看到“善有善报、恶有恶报”时，他们便来到东岳庙，求助于神灵，东岳大帝则通过正殿周围环绕的“七十六司”，秉公而断，主掌人间善恶福祸、因果报应、生死轮回。

以下是叶郭立诚夫人在《北平东岳庙调查》一文，对七十六司各司执掌范围的归类②：

Ⅰ. 司法方面

警察：取人司、催行司、索命司

司法：推勘司、追取罪人照证司、生死勾押推勘司、地狱司

Ⅱ. 监察方面

审核罪状：较量司、都察司、磨勘司、举意司

Ⅲ. 行政方面

1. 文书案卷：都签押司

2. 生死诸事：胎生司、卵生司、湿生司、化生司、畜生司、飞禽司、

① （清）让廉：《京都风俗志》，北京古籍出版社 2001 年版。

② 陈巴黎：《北京东岳庙》，中国书店出版社 2002 年版，第 88 页。

水族司、生死司、勾生死司、十五种善生司、十五种恶死司、枉死司、还魂司

3. 总司善恶报应：注生贵贱司、所生贵贱司、速报司、见报司、子孙司、积财司、僧道司

4. 奖善：

行善记录：善报司；各种善事：修功德司、忠孝司、正直司、斋僧道司、看经司、悯众司、三月长斋司、放生司、施药司；奖善者：官职司、注福司、长寿司、增延福寿司、引路司、行雨地分司

5. 惩恶诸事：

行恶记录：恶报司；各种恶事：词状司、阴谋司、欺昧司、忤逆司、贼盗司、杀生司、行污司、堕胎落子司、毒药司；惩恶：苦楚司、促寿司、掠剩财物司、宿业疾病司、行瘟疫司、黄病司

6. 属吏：

曹吏司

7. 天地鬼神：

山林司、土地司、城隍司、山神司、门神司、真官土地司、水府司、风伯司、无主孤魂司、魍魉司、精怪司

透过叶郭立诚夫人的《北平东岳庙调查》一文对七十六司各司执掌范围的归类，我们更加清晰地看破原来幽冥界的职能机关折射出的却是人世间的精神世界、道德审判。传说东岳庙瞻岱门侧门悬挂的大算盘就是光绪年间山西布政使葆亨献给东岳大帝的，让其主持公道，用“乘除分明”、“毫厘不爽”八个大字警诫世人。有一首《报应歌》说得好：“生败子，疾病缠；妻和女，伴人眠。从前只说拣便宜，那知后来要利钱。处处东岳庙，都有大算盘；不拘数，有人还，一倍要你加二三。”

在法制不健全的封建时代，东岳大帝信仰起到护国佑民、教化民众、约束行为，惩恶扬善、规范人们伦理道德的作用。

（二）民间俗神、行业祖师

北京东岳庙除塑有东岳大帝和七十六司神像外，还供奉着众多的神灵。这些神灵包括：天界至尊玉皇大帝、科举之神文昌帝君、伏魔大帝关圣帝君、荡魔天尊真武大帝、天地水三官大帝、众星之母斗姆元君、天仙圣母碧霞元君、子孙娘娘和子孙爷爷、文武财神、王灵官、大仙爷、月老、火神、仓神、海神、灶神、门神、五瘟神、药王、鲁班、马王爷、喜神，等等。可以说，中国民间

所奉之神，东岳庙几乎都有，而这些神灵大多供奉在东岳庙的后罩楼和东西道院。

北京东岳庙除岱岳宝殿外，香火最旺的两个殿宇，就是东西配殿——阜财殿和广嗣殿。东配殿供奉比干和赵公明两位文武财神，殿前两侧分别是招宝天尊、纳珍天尊、招财使者和利市仙官。文武财神护佑世人事业、财运两旺，香火自然了得，正月初二和初五香火更旺。面对“不孝有三，无后为大”的传统观念，子嗣问题则是民众更为关注的。东岳庙内曾有五处供奉娘娘香火，这些娘娘虽各有名衔，实际都是碧霞元君的化身，在民间香火极盛，它能庇护妇女多子嗣、保平安，还能保佑儿童健康成长。传说周文王夫妇生育九十九子，又收养雷震子，作为“多子多福”的楷模，更是受到世人的膜拜，成为广嗣殿的子孙爷爷和子孙娘娘。久婚不育的妇女来东岳庙“拴娃娃”，祈求子嗣和人丁兴旺的习俗由来已久，直到今天，求子习俗绵延不断。

“千里姻缘一线牵”，东岳庙西廊月老殿内供奉的是民间传说中主管男女婚姻的神灵，他能知晓天下男女的前世今生缘分定数，并早已将红绳系在有缘人的脚上。无论是为子女操劳的父母长辈，还是想走进婚姻殿堂的男女，跪拜在月老脚下那是自然的，月老殿因而香火旺盛。“月老殿挂线”成为东岳庙的传统习俗之一。

“久旱逢甘露、他乡遇故知、洞房花烛夜、金榜题名时”是人生的四大喜事。谈到“金榜题名时”，人们自然想到孔庙国子监，其实东岳庙也有文昌帝君殿和魁星阁。道教认为文昌明，文运将兴。故文昌神能预知士人科举命运，备受尊崇。文昌帝君作为民间和道教尊奉的掌管士人功名禄位之神，香火不断那是肯定的。试问世间何人能放下功名利禄？

面对鲁迅笔下还要靠吃“人血馒头”治病的近代中国，我们不难想到，把祈求健康、治病疗疾、延年益寿希望寄托于神灵保佑是千百年来中国百姓的精神寄托。东岳庙内药王殿、瘟皇殿、施药司、黄病司、行瘟疫司、宿业疾病司、增延福寿司的神灵们可以在医学体系落后、穷人看不起病的旧时代，满足得病乱求医社会群体的心理诉求。

过去，全国各地城乡分别有地方保护神——城隍和土地神护佑。传说守护城池的神称为城隍，《易·泰》云：“城复于隍。”古代建国，范土为城，依城凿池曰隍。城隍之名，即本于此。道教把城隍当作“剪恶除凶，护国安邦”之神，它是城市的保护神。东岳庙七十六司中有城隍司，传说每年最后一天，各地城隍都要到东岳庙城隍司报到，汇报一年中当地发生的重大事件，以便于东岳大帝监察。土地神又称社神，民间则称作土地爷，它是神话传说中的村社守护神。

《孝经纬》曰：社者土地之神，土地广博，不可遍祭，故封土为社，以报其功。在民间，到处都有土地庙，各地的土地神多由有功于当地的人物来充当，以保佑五谷丰登，家宅平安，添丁进口，六畜兴旺。北京东岳庙七十六司内供奉有掌管全国土地的土地司和专管科举考场的真官土地司。

东岳庙供奉的众多神灵中，有的既是民间俗神，又是行业祖师，或为神灵，或为人祖。有描金业祖师——荡魔天尊真武大帝；梨园行祖师——喜神；土木建筑业祖师——鲁班；车马运输业祖师——马王爷；医药业祖师——药王；卫生防疫业祖师——五瘟神；厨师业祖师——灶君；仓储业祖师——仓神；海运业祖师——妈祖；书商文具业祖师——文昌帝君；等等。

东岳庙不仅给世人提供了国运昌盛、惩恶扬善、决人贵贱、生死轮回的公正朝堂，还派城隍、土地、山神、水族等地方神灵协助东岳大帝管理监察世间，常有诸多宗教兼迷信色彩的众神显灵，更有求福、求财、求子、求姻缘、求官禄、求健康等种种世俗需求，满足各行各业寻根问祖的心愿，从信仰空间构筑出一套体系，规范约束世人行为，充分满足不同社会群体的内心诉求和精神寄托。

三　通过东岳庙庙会、善会组织、行业活动分析

庙会亦称“庙市”，它是在寺庙附近形成的聚会，从事宗教祭祀、酬神、娱神、民俗表演、商业、娱乐、购物等活动。北京东岳庙庙会历史悠久，元虞集仁圣宫碑记载：“岁时内廷出香币致祭，都人有祈祷，咸得至焉。”《析津志辑佚》记载：“每岁自三月起，烧香者不绝。至三月烧香酬福者，日盛一日。”“廿八日，齐化门内外居民，咸以水流道以迎御香。香自东华门降，遣官函香迎入庙庭，道众乡老甚盛。”可见，东岳庙建成后，皇室每年春节都在此举行盛大祭典，东岳大帝诞辰日，宗教活动则更盛。

明清两代，庙宇新建者颇盛，庙会发展进入高潮。东岳庙每年三月初一至二十八日开庙二十八天，纪念大帝诞辰，举行“掸尘会”；每月朔、望各开放一天；春节期间，由正月初一至十五开放半个月。正月初一，到东岳庙抢烧“头炉香”是每个人祈福免灾的愿望。初一、十五的庙会，“士女瞻礼者，月朔望日晨至，左右门无闲阈，座前拜席为燠，化楮钱炉，火相及，无暂熄”①，热闹非凡。每逢东岳大帝诞辰，太常寺都要派员致祭。民间也办香会，盛陈鼓乐，旗

① （明）刘侗、于奕正：《帝京景物略》，北京古籍出版社 1983 年版。

幢前导，舁神驾出游。“三月二十八日帝诞辰，都人陈鼓乐、旌帜、楼阁、亭彩，导仁圣帝游。帝之游所经，妇女满楼，士商满坊肆，行者满路，骈观之。帝游聿归，导者取醉松林，晚乃归。”① 东岳庙庙会逐渐由以宗教祭祀为主向民众酬神、娱神、民俗表演、商业、娱乐过渡，使庙会成为官方祭祀与民间庆典的有机结合物。

东岳庙地处京城漕运通道、水陆交通要道，车马不断、商旅如织。各求所需的香客络绎不绝，必促香火旺盛，逐渐形成了来东岳庙抢烧头香、拴娃娃、拜财神、摸铜骡、月老殿挂线、浴盆洗目、打金钱眼、戴福还家等一系列特色传统习俗，寄托了人们无尽的美好祈愿。每逢三月二十八，“沿街又有摊地凳盘卖香纸者，不以数计。显官与怯薛官人，行香甚众，车马填街，最为盛都”②，“道涂买卖、诸般花果、饼食、酒饭、香纸填塞街道，亦盛会也”③。东岳庙周围依托庙宇已形成以庙会养家的社会群体和相当可观的商业街区，购物、娱乐、小吃，应有尽有，带动了整个朝外大街的繁荣。

如此盛大的庙会如何组织？东岳庙属于“子孙庙”，道众最多时也不过十几人，根本无法应对规模盛大的庙会活动。明代中期以后，北京出现了规模盛大的善会，即民间社团组织。每个善会都有自己的“万儿”（名称），而且有“老会”和“圣会”之别，会史在百年以上的可以称“老会”，否则只能叫“圣会”。“会万儿”往往根据其活动内容而定。据记载，东岳庙历史上曾有 160 余通碑刻，其中掸尘、白纸、燃灯、糊窗、盘香、献花、净水、献茶、净炉、修缮、庆司、放生等善会组织敬献的碑刻达 127 通，涵盖庙宇服务的方方面面。善会是东岳庙的最大施主，他们是东岳庙真正的信教群体，举行祭祀庆典时不仅要出钱，还要为庙宇和香客做各种善事，是民众的一种自觉行为。善会会众既有皇亲国戚、勋臣显贵，也有地方乡绅、普通民众，他们都是东岳大帝信仰的社会基础。

除社团组织外，北京东岳庙还有享誉京城的行业活动历史。东岳庙西路云集的众多祖师殿宇，对各行各业的吸引可谓如磁石一般，各行业往往在庙会期间和祭祀祖师时都在此举办盛大的行业活动。康熙五十八年（1719），木工行业在东岳庙西跨院建造了最早的行业神殿宇。此后，京师许多行业出资在东岳庙修建殿宇奉祀其祖师，或利用东岳庙已有殿宇神祇的行业神展开祭祀活动。东岳庙为各行业组织聚会提供了活动空间，在祭祀祖师爷的共同信仰中，起到规

① （明）刘侗、于奕正：《帝京景物略》，北京古籍出版社 1983 年版。

② （元）熊梦祥：《析津志辑佚》，北京古籍出版社 1983 年版。

③ 同上。

范行业管理，解决行业纠纷，增强行业凝聚力的作用。

围绕东岳庙，不同社会群体开展了一系列活动。有宗教祭祀活动，有民俗表演活动，有商业集市活动，有各种服务活动，有行业组织活动，等等，他们来东岳庙修的是功德，满足的是个人的心愿或对未来生活的祈盼。更多的人来东岳庙，并非道教信徒，只是每个人都有“祈福迎祥、戴福还家”的美好愿望，以敬畏神灵的态度，求得心灵的安稳和美好的祝福。

道教作为土生土长的宗教，内含博大精深的传统文化精髓。我们无论是否信仰道教，都能体会到道教文化惩恶扬善、崇尚自然、和谐宽容、教化民众的哲理，从而约束自己的行为。流传至今的《东岳大帝宝训》①，在当下社会仍有弘扬正气、净化心灵的作用。

① 《东岳大帝宝训》：天地无私，神明鉴察。不为享祭而降福，不为失礼而降祸。凡人有势不可使尽；有福不可享尽；贫穷不可欺尽。此三者乃天运循环，周而复始。故一日行善，福虽未至，祸自远矣；一日行恶，祸虽未至，福自远矣。行善之人如春园之草，不见其长，日有所增；行恶之人如磨刀之石，不见其损，日有所亏。损人利己，切宜戒之。一毫之善，与人方便。一毫之恶，劝人莫做。衣食随缘，自然快乐。算什么命，问什么卜。欺人是祸，饶人是福。天网恢恢，报应自速。谛听吾言，神人监服。

北京民俗博物馆藏安·丝婉·富善赠书考述

崔瑞萍*

2014年11月，美国佛罗里达州安·富善·琼斯女士（Anne Goodrich Jones）将其母亲、汉学家安·丝婉·富善女士（Anne Swan Goodrich）所收藏的54册书籍捐赠给北京民俗博物馆，并于2015年11月9日专程到访北京民俗博物馆，参加捐赠仪式，同时接受由李彩萍副馆长颁发的捐赠证书。

安·富善·琼斯女士是著名汉学家傅路德和安·丝婉·富善之女。其父傅路德（Goodrich，Luther Carrington，1894—1986），是美国研究中国史的代表人物，尤精于明史。他于1945年获博士学位与教授学衔。在哥伦比亚大学东亚语言文化系执教达35年（1927—1961）。1946年任美国东方学会会长，1956年任美国亚洲协会会长。逝世后，门人弟子及至交好友为其设立傅路德奖学金。生平著述达百余种，在海内外汉学界影响巨大。其母富善女士在20世纪二三十年代旅居中国，其间对中国宗教产生了极大的兴趣，不仅请中文老师带她去北京的寺庙实地调查，同时遍采各种传闻、习俗及神话传说、古籍记载等种种资料，并极其详尽地将所参观的寺庙和物品作了笔记，其中也包括北京东岳庙。20世纪60年代，富善女士决定将这些笔记编写成书，在进一步查阅大量资料、搜集相关照片的基础上，于1964年出版了英文版《东岳庙》（*The Peking Temple of the Eastern Peak: The Tung-yueh Miao in Peking*）一书。傅路德、富善夫妇不仅在海外汉学界享有盛誉，其学术著作、藏书也与北京民俗博物馆馆址所在

*［作者简介］崔瑞萍，北京民俗博物馆副研究馆员。

地——北京东岳庙有着深远关系。此次安·富善·琼斯女士所捐赠的外文版藏书，涉及民俗学、宗教学、社会学、文学、词典学、汉语教学、科技史、艺术史以及图录等方面，其中不乏名人名作、国内孤本。故此，笔者不揣冒昧，试将此批外文珍本做一简单考述，以彰富善女士赠书之功，并望学界有识者循迹拾遗，使其得以充分利用。

一 未见于国内公藏者

在此批外文珍本中，笔者查阅国家图书馆、中国社科院文献中心、中科院文献中心等各家公立图书馆，均未见收藏者有6种：

1. *A Taoist Inscription of the Yuan Dynasty*, *The Tao – Chiao Pei*

该书作者为Broeck, Janet Rinakerten & Yiu Tung，其内容详细记载了北京民俗博物馆馆区内碑刻数十通，是研究北京东岳庙的重要史料。

2. *Forbidden City*

该书作者为Jernigan, Muriel Molland。清至民国时期的紫禁城，无疑对无数外国来华友人具有极大的神秘诱惑，对它的描述或者个别作者有幸进入皇城一探皇权统治者究竟后形成的著作，比比皆是。仅以国家图书馆等地馆藏为例，同样以 *Forbidden City* 命名的著作就有数种。

Muriel Molland是英国传教士Charles El Molland的女儿。Charles El Molland，1861年12月9日生于英国的Barnsaple，常有文献及族谱误以其为爱尔兰人，实际上他的妻子Lily W. Molland是爱尔兰人。Molland于1881年毕业于伦敦的国王大学，后在政府任职三年，随后在普利茅斯兄弟会（Plymouth Brethren）的支持下作为传教团一员，携妻子及三个孩子来到中国，其中就有该书作者。1889年，Molland转而加入基督会，为该会在芜湖开设了中国第二个传教站。1902年病逝于芜湖。此后，作者和她的母亲等家人迁往南京。作为较早的一批传教士的后裔，Muriel Molland从另一个侧面向我们展示了近代进程中北京作为皇城的政治、生活风貌，是研究北京史地文化的可资参考文献。

3. *Museum of Far Eastern Antguities Skockholm*, *Bulletin No. 59*

Museum of Far Eastern Antiquities Bulletin（《远东考古博物院汇刊》），创刊于1929年，每年1卷，是位于瑞典斯德哥尔摩的远东考古博物院（Ostasiatiska Samlingarna）的出版物，以考古学为主，兼及艺术、史学、文学等，为一般中国学者必读的论文。本卷实质上是一部中国史简史，以朝代为限，对中国历史进行简单介绍。

本刊所属博物馆最早成立于1926年，藏品的基础是瑞典考古学家安特生20世纪20年代从中国带回瑞典的一批仰韶文化和马家窑文化的彩陶，以及20世纪头50年瑞典老国王和其他瑞典收藏家捐献的中国古物。著名的汉学家高本汉是继安特生之后的第二任馆长，曾经研究过馆里收藏的商周青铜器。1963年，这些考古材料和原属瑞典国家博物馆东方艺术部、由中国美术史家喜龙仁负责的中国绘画和工艺品部合并在一起，成立了一个新博物馆。该机构名称由“远东考古博物院”改为“东方博物馆”，其变化曾引发了瑞典文化界长达数年的激烈争论。之后藏品通过捐赠和购买不断扩大，现在的藏品包括中国、日本、朝鲜、印度和南亚地区的考古和艺术品，总数达10万件。其中中国藏品占80%以上，包括新石器时代的陶器和玉器，商周的青铜器，汉至清的陶瓷、雕塑，元至清的绘画和其他工艺品，以及很少的一部分近百年的藏品。从数量到质量上来说，东方博物馆的中国考古和艺术藏品在西方只有少数几个博物馆能超越。现在的东方博物馆隶属“瑞典国家世界文化博物馆”机构，其兄弟单位包括近东博物馆、世界民俗博物馆和世界文化博物馆，其宗旨是促进世界各国文化的互相了解。

4. *Rural Temples around Hsüan - Hua*, *Their Iconography and Their History*

本书作者为 Grootaers, William A.。作者贺登崧为日籍比利时人，1911年生，号重九，笔名愚老足。1939年Louvain大学毕业，1939年至1941年赴北京学习。1945年至1948年担任北京辅仁大学教授，1948年至1950年在比利时神学院任教，后任日本国立国语研究所研究员。曾在山西大同西册田村（1941—1943）、万全县（1947）、宣化县（1948）等地进行方言、民俗、寺庙调查。作者除此书外，还著有《中国地方城市信仰状况——宣化市宗教场所的全面调查》。本书文字同时刊于 *Folklore Studies* 杂志1951年版，卷号：Vol. 10，期号：No. 1，国内各大公藏机构未见收录。

据作者当时调查，1948年宣化城有古寺庙198座，形成多在明永乐年间以后。其中，佛教寺院55座，道教庙观18座，儒家庙宇7座，剩下的民间信仰庙宇118座。既有府县官方祭祀的庙宇，也有百姓或行业祭天、祭祖的庙宇等，用途多种多样。对研究当时宣化地区乃至河北宗教状况，有着重要的文献价值。

5. *The Emperor's Procession*: *Two Scrolls of the Ming Dynasty*

本书作者那志良（Na, Chih - liang），（1902—1998）满族，字心如，北京人，原台北“故宫博物院”研究员。1925年，由陈垣先生推荐，入职故宫，在北京和台北的故宫博物院工作了70多年，堪称故宫的“元老”之一。先后参与了清室善后委员会点收、故宫博物院成立、伦敦艺术品展览、古物南迁、文物精品运台等大事。其生前保存的有关北京故宫文物南迁的150多件珍贵史料，包括文书、印章、照片、书法、勋章等，于2005年捐赠给北京故宫博物院，弥补了故宫院史有关文物南迁的空白。

6. *The Magic Spear and Other Stories China's Famous Heroes*

本书作者为 Crane，Louise（1913—1997），美国著名的慈善家，艺术赞助人，与当时纽约文学界的领军人物，包括 Tennessee Williams 、Marianne Moore 等交好。其父为百万富翁，曾担任马萨诸塞州州长。母亲是现代艺术博物馆创始人 Josephine Porter Boardman。

二　国内稀见本

（一）《思忆录——袁守和先生纪念册》

袁同礼（1895—1965），字守和，籍贯河北徐水，生于北京。1917年毕业于北京大学预科，同年到清华学校图书馆工作。1920年由清华学校及北京大学资助到美国留学，1924年回国，任广州岭南大学图书馆馆长，旋改任北京大学图书馆馆长兼教授。1925年成立北京图书馆，由梁启超、李四光分别任正副馆长，袁同礼任图书部主任。1927年袁同礼任北京图书馆副馆长，实际主持馆务。1928年北京图书馆改名北海图书馆，袁任馆长。同年，国立京师图书馆改组为国立北平图书馆，马叙伦先生任馆长。1929年8月两馆最终合并，改组为新的国立北平图书馆，蔡元培任馆长，袁任副馆长，馆务由袁主持。1949年移居美国。他不仅是我国现代图书馆奠基人，还对古代藏书深有研究，著有《宋、明、清私家藏书概略》、《中国经济社会发展史目录》、《国会图书馆藏中国善本书目》、《西文汉学书目》、《中国留美同学博士论文目录》等。

本书国内公藏机构未见收入，国家图书馆虽出版有《袁同礼文集》，但亦未收录该回忆录。目前仅见中国社科院资中筠等学者论著中偶有涉及该书。该书仅1000册印数，此本为第31本。本书所收录顾维钧、罗家伦、费正清等诸学者之回忆文字，对国家图书馆史及我国现代图书馆史研究，均有重要意义。

（二）*A Chinese Biographical Dictionary*

作者为 Giles，Herbert Allen。该书中文译名为《古今姓氏族谱》，国家图书馆等有藏。书内不仅收录中国历史、文学、宗教等方面古今重要人物及生平行迹简介，更珍贵的是，书内附有大量夹注，目前尚不能确认是傅路德抑或富善女士所标，但无疑是对二人学术史研究的重要史料。

三 名家译著

（一）*The Nine Songs*

作者为 Waley，Arthur（1889—1966），中文译名为阿瑟·戴维·韦利，是著名的汉学家、翻译家和东方主义学者。他一生坚持不懈地研究东方学和中国学，并致力于把中国古典名著翻译成英文。在现有的比较有影响的十几种《论语》英译本中，他的译本影响最大。而《九歌》属《楚辞》，本身以楚地方言古语写作，佶屈聱牙，并涉及大量民俗、巫祝等内容，翻译尤属不易。

（二）*Three Kingdoms*

本书作者为 Robert，Moss，中文名为罗慕士。《三国演义》全名《三国志通俗演义》，是中国第一部长篇章回体小说，中国四大古典名著之一。该书不仅在中国国内家喻户晓，还被译成数十种外国文字，在海外各个国家与地区广泛流传。其中，当以其英文译本的数量最多，影响最大。早在19世纪20年代初，英国人汤姆斯（Peter Perring Thorns，或译“彼得·佩林·托姆士”）便节译了《三国演义》第一至九回，取名为 *The Death of the Celebrated Minister Tung - cho*（中译为《著名丞相董卓之死》），连载于 *Asiatic Journal*（《亚洲杂志》）第1辑第10、11、12卷。1925年，英国翻译家邓罗（1857—1938）独立将《三国演义》全书译成英文，书名为 *San Kuo, or Romance of the Three Kingdoms*，由别发洋行（Kelly & Walsh Limited）分为两卷在上海、香港与新加坡三地同时出版。这是世界历史上第一种《三国演义》一百二十回英文全译本。在此之后，过了将近六十年，美国学者罗慕士（Moss Robert）才于1983年试图将《三国演义》全书译成英文，而其译本到了1991年由美国的哥伦比亚大学出版社（University of California Press）和中国的外文出版社（Foreign Language Press）在美国共同出版，到1994年又由外文出版社再版。2004年加利福尼亚大学出版社、2014年外文出版社分别再版。

以上诸书，尚属富善女士藏书之一角，其与傅路德其他藏书亦已捐赠中国人民大学清史研究所等科研机构。本文试抛砖引玉，希望引起学界对该批藏书的注意，并广加研究及利用。如此，方不辜负富善家族历代关注中国学研究，并不远万里赠书之拳拳盛意。

征稿启事

《北京民俗论丛》（以下简称《论丛》）是北京民俗博物馆主办的社会科学综合性学术年刊。每年 1 期，每年年初由中国社会科学出版社出版，面向国内外公开出版发行。《论丛》开设栏目丰富，主要栏目设有“民俗文物文献研究”、“博物馆理论与实践”、“北京史地民俗研究”、“田野民俗志”、“东岳文化研究”、“非物质文化遗产保护”等。

《论丛》现诚向各界专家学者征求稿件，有关事宜启事如下：

一、来稿须为作者本人原创，且未公开发表，稿件内容要求文字精练、层次清晰、观点鲜明。来稿确保不涉及保密、署名无争议，因文字、引注、图片等引发的观点或版权责任，皆由作者本人承担。

二、本刊只接受 Word 版电子文本。文稿须包括题目、提要（100—300 字）、关键词（3—5 个）及作者简介（姓名、工作单位、职称、通信地址、邮政编码、联系电话、电子信箱，务必准确）。

三、来稿一般以 8000 字以内为宜。编辑部有权酌情删改来稿，如不同意请予说明。

四、文中注释一律采用页下注，用阿拉伯数字编序，注明作者、书（或文章）名、出版单位（或期刊名）、出版年份（或第 * 期）、页码。（请遵循 GB/T 7714—2005《中华人民共和国作者编辑常用标准及规范》，2009 年。）

五、来稿请勿一稿多投。本刊处理稿件以 3 个月为限，逾期如未接到采用通知，请自行处理。稿件概不退还，烦请自留底稿。

六、本刊已被《中国学术期刊网络出版总库》及 CNKI 系列数据库收录。如作者不同意文章被收入该数据库，请在来稿时向本刊声明。

七、2017 年度《论丛》（第五辑）征稿截止日期：2016 年 10 月 31 日。

通信地址：北京市朝阳区朝外大街 141 号北京民俗博物馆《北京民俗论丛》编辑部。邮政编码：100020

电话：010—65514147

投稿邮箱：bjmslc@126.com